简明版

成长

原来孩子这样

《0~6岁儿童心理发展与家庭教育指导手册》课题组 编著

北京出版集团公司
北京出版社

图书在版编目（CIP）数据

原来孩子这样成长：简明版／《0～6岁儿童心理发展与家庭教育指导手册》课题组编著． — 北京：北京出版社，2017.1
ISBN 978-7-200-12662-4

Ⅰ．①原… Ⅱ．①0… Ⅲ．①儿童教育—家庭教育 Ⅳ．①G781

中国版本图书馆CIP数据核字(2016)第311922号

原来孩子这样成长　简明版
YUANLAI HAIZI ZHEYANG CHENGZHANG　JIANMING BAN
《0～6岁儿童心理发展与家庭教育指导手册》课题组　编著

*

北 京 出 版 集 团 公 司　出版
北 京 出 版 社
（北京北三环中路6号）
邮政编码：100120

网　　　址：www.bph.com.cn
北京出版集团公司总发行
新 华 书 店 经 销
北京宝昌彩色印刷有限公司印刷

*

787毫米×1092毫米　16开本　12.5印张　120千字
2017年1月第1版　2017年1月第1次印刷
ISBN 978-7-200-12662-4
定价：35.00元
如有印装质量问题，由本社负责调换
质量监督电话：010-58572393

编委会

中国儿童中心

李 杨　黄晓晗

中国科学院心理研究所

郭 菲　江 兰　荀寿温　章 婕　段 青　陈祉妍

中国教育科学研究院

侯金芹

序言1

《0~6岁儿童心理发展与家庭教育指导手册》（本序言以下简称为《手册》）由北京出版社出版了，它是中国儿童中心献给广大家长的礼物。《手册》分指导教师版和父母版及简明版，前者以专业知识为基础，父母版以案例为论述的手段，简明版以轻松的阅读方式呈现了丰富的育儿理念。不论哪个版本，阐述的都是育儿知识。育儿问题始于家庭，社会上或名书中有不少育儿之道："教子有方""父母是孩子的第一任老师""教育孩子要从0岁开始""上梁不正，下梁歪"等等，讲的多是家庭教育的问题，强调的都是父母的神圣职责。家庭教育影响所及，关系到能否把孩子培养成品德高尚的人、知行统一的人、身心健康的人，进而关系到人类的进步和社会的发展。这是《手册》出版的价值所在。

如何看待我们的孩子，给予什么样的教育？《手册》指出，掌握儿童心理发展的规律是家庭教育的出发点。《手册》科学地以儿童心理发展为主线，分析影响因素，特别是家庭因素，并且探讨家庭教育的举措。《手册》在内容上主要包含3部分：第一部分主要是介绍基本的儿童观、发展观和教育观，如不断发展的儿童观，儿童发展的共性和个性、先天与后天，教育的目的、教育对儿童的影响和儿童需要什么样的教育；第二部分主要是介绍

0~6岁儿童的认知和语言的发展，包括感知觉、注意、记忆和思维以及语言的发展；第三部分主要是介绍0~6岁儿童的个性、情绪、社会性，包括自我、气质发展、亲子依恋、同伴关系、社会行为以及性别角色等内容。这是《手册》内容的创新之点。

怎样搞好家庭教育？这里面涉及家庭教育原则和方法的问题。从一个层面来说，它是如何促进孩子们的发展；从另一个层面来说，是如何判断孩子们的障碍。所有这些都体现了科学育儿的原则，如严慈相济、正面教育和积极引导、创设丰富的教育内容、循循善诱、以理服人、细致耐心、讲求方法、口径一致、多面合作、表扬与批评、奖励与惩罚等等。这是《手册》教子成才的一种科学理念和方法。

我曾多次地提出，今天我国的家庭教育应该提倡"中国情怀""世界眼光"和"时代特色"。中华民族有着优秀的家庭教育的宝贵经验，连新加坡的资政李光耀先生都这么说："我们很幸运，因为我们的文化背景很好。我们崇尚儒教，尊重学问和学习。面对着当今高歌猛进的高科技，并没有打破我们的家庭。我们的家庭应该培养孩子的高度社会责任感和辨别是非的能力。"这就强调家庭教育必须要继承和弘扬中华民族的优秀传统文化，并把中华民族的美德作为家庭教育的基础。今天我们处于改革开放的大环境中，家庭教育必须要有世界的眼光，也就是说今天中国的家庭教育必须与世界的家庭教育接轨。面对着应试教育追求高分的现象，不少发达国家都在讨论中国式的"虎妈教育"。我国的家庭教育应该倡导民主和谐的氛围，因为在整个国际的家庭教育中，一般都把德育放在首位，都要把孩子培养成知识丰富、智能发展、身心健康的人，而不是单纯的高分。

　　现在这本《手册》出版了，我相信它会在社会上引起强烈的反响与共鸣，希望广大读者，特别是家庭教育的指导者和家长们喜欢它，能从这本《手册》中得到一些启发和帮助，找到科学有效的方法来应对家庭教育里面遇到的各种问题，最终摸索出适合自己并有益于孩子的育儿之道。

林崇德

于北京师范大学

序言2

0~6岁是儿童身心发展最为迅速的时期，也是最为重要的时期。儿童这个时期的发展是个"奠基工程"。所谓"奠基"就是"根基"，而"根基"就意味着是要承载负荷的。不仅要承载孩子上小学准备的责任，也要承载孩子终生发展的责任。

现在的社会进入一个"少子时代"，家庭里孩子的数量越来越少，其中有很多家庭只有一个孩子。做父母的不再单纯追求孩子的数量，而着重于提高孩子的质量。儿童早期家庭教育由过去的"粗放型"转变为"集约型"。很多年轻父母都特别重视孩子的早期家庭教育。

而这一阶段的家庭教育思想也确实很混乱。当前，我国儿童早期家庭教育普遍存在的问题是急功近利，只顾眼前效果，忽略长远发展，操之过急，急于求成，单纯重视技能技巧的学习和训练，推动儿童片面发展，追求立竿见影的效果。这直接违背儿童身心成长发展的规律，使儿童缺乏发展的后劲，很难发挥"根基"的功能。

目前，我国图书市场早期儿童家庭教育的图书，有很多不是引领年轻父母朝着科学的方向努力，而是迎合一些年轻父母心浮气躁的不良心态，使得心态越来越浮躁。这对孩子的身心发展是很不利的。急需对望子成龙心切的年轻父母加以引导，促使热心孩子早期教育的年轻父母走上科学的育儿轨道。

中国儿童中心适应这个社会需求，适时地推出了《0~6岁儿童心理发展与家庭教育指导手册》。随后又推出了轻松阅读的《原来孩子这样成长》（简明版）。

为了适应不同读者的需要，这套手册分为教师版和父母版以及简明版3个版本。

本系列书有几个显著特点：

该系列书以科学发展观为统帅，全书紧紧扣住"今天的教育要有利孩子今天的发展，更要有利孩子明天和后天的发展"这样一个科学的理念，努力引导读者，克服那种只顾眼前利益而忽视长远利益，甚至以牺牲长远利益为代价的急功近利的浅薄的教育思想。

该系列书以素质教育为导向，以促进孩子在德、体、智、个性几方面得到全面发展为内容。引导读者认识到，培养、教育孩子是一个系统工程，要全面关心、培养孩子，努力克服片面的"一半的教育"和畸形的"单打一"培养的倾向，为孩子身心协调发展和积蓄发展的后劲奠定基础。

该系列书对影响孩子身心发展的种种主、客观因素进行了全面的分析，努力引导读者认识到，随着社会的发展和社会生活的复杂化，影响孩子成长发展的"变数"越来越多，培养、教育孩子是一个复杂的过程。千万不能把学龄前家庭教育简单化、庸俗化，更不能轻信社会上流传的种种教子的"秘诀""绝招"和虚头巴脑的"口号"。

该系列书自始至终引导读者要认识到，培养、教育孩子是一门科学，必须要了解、掌握、尊重孩子身心发展和家庭教育的规律，重点关注培养、教育孩子的思想观念问题，学会动脑筋进行教育的思考，努力提高家长的素质；而不要把培养、教育孩子看成是单纯的技术性的问题，只是关注培养、教育孩子的具体做法。

　　该系列书理论科学、系统，文字通俗易懂，文风朴实无华，没有晦涩、难解的故弄玄虚的文字，对学龄前儿童的家庭教育具有很强的指导意义。我相信，该书会帮助读者增强培养、教育孩子的自信心。

赵忠心
于北京

写在前面的话

儿童期是人生中绚丽多彩的时期，即使是在成年后这段生活也会不时被忆起。0~6岁的婴幼儿期作为整个人生的开端，对后续儿童期的发展和未来的成长都有着重要意义。对于成人而言，看着孩子渐渐成长是一种美妙而独特的体验，但同时，孩子的变化也给成人带来了无限的挑战与困惑。正如美国教育家陶森所说："生育和抚育是两回事，生了孩子并不意味着自然地具有了抚育子女的智慧和本领。要尽到为人父母的职责，必须彻底地了解儿童的成长过程。许多父母只是从经验中用许多错误换来这份了解。其实，如果事先就对儿童发展下功夫，有许多的错误都是可以避免的。"我们编写这本手册的初衷，便在于为初为父母的您，或正在考虑做父母的您，提供一些启发和帮助，摸索出适合您自己并有益于孩子的育儿之道。

1000个人眼中有1000个哈姆雷特，对于儿童的抚养和教育，研究者、教师、家长都有自己的看法和主张。没有哪个时代像今天这样，信息如此丰富，书店中关于如何养育儿童的书籍琳琅满目，互联网上相关的信息更是唾手可得。似乎也没有哪个时代的家长和教育者们，像现在的家长和教育者们这样，因为如此多的选择而感到困惑和迷茫。在这种时代背景下，我们这本手册也许不是最吸引人的，也不是最标新立异的，但我们本着研究者的良知，希望能将本质的和规律性的知识传递给您，让它成为您了解您孩子的助手。

　　这本手册以儿童心理发展为主线，分析了影响儿童心理发展的因素，特别是家庭因素，进而探讨了家长的教育举措。

　　与此同时，我们期望父母在抚养和教育孩子的过程中，在了解儿童心理发展规律的同时，意识到一些重要却往往被忽视的事实：每个孩子都是独特的。尽管婴幼儿的心理发展特点具有一定的普遍性，手册中也会介绍一些发展规律，但是这些规律、敏感期或"里程碑"都只是一些参考标准，仅代表了婴幼儿总体发展趋势和特点。事实上，影响孩子发展的因素非常多，每个孩子都有其独特的发展特点，可以说实际上儿童的发展是没有教育大纲的。您和您的孩子是发展的共同体。越来越多的研究发现，孩子在成长中具有很强的主动性，他们对自己的成长环境也有一定的反作用，也会给成人施加影响。随着孩子长大，孩子和养育者之间关系的双向性更加明显，孩子本身的特点也会对成人的教养行为产生影响。

　　孩子的独特性和教养的互动性，决定了每个家庭中的教养方法都是独特而复杂的，我们无法在一本书里为您指明最适合您的孩子的教育方法。我们想做的是，指出养育孩子的方向：耐心观察孩子，时时审视自己。

　　为了适应不同使用者的需要，这本手册分为教师版和父母版及简明版。在简明版中，我们结合每章主题通过您需要了解、您可以这样做、困惑与问题、亲子游戏这四个方面全方位解析育儿知识和重点。

　　手册编写小组的成员是多年从事儿童心理发展研究和心理咨

询的专业人士，同时，大多数自己又是母亲。可以说，这本手册不仅包含了儿童发展的专业知识，也汇聚了真实的养育经验，倾注了对孩子们的爱。祝福所有的孩子平安健康！愿所有的家庭温暖、幸福、充满爱！

《0～6岁儿童心理发展与家庭教育指导手册》课题组

宝宝的秘密和养育的要点

初为父母的您,喜悦之余也会有很多困惑:猜不透宝宝的心思,担忧宝宝的各种问题,对宝宝的哭闹或任性感到不知所措……这是所有新手父母都会遇到的困难,请别忧虑,跟随我们走进宝宝的世界,您会慢慢了解他,并渐渐懂得如何充满智慧地养育他。

在这里,您会初步了解宝宝出生后是怎样的,他会如何成长,以及养育宝宝的基本要点。

一、关于宝宝,您需要了解他是宝宝,而不是缩小版的成人

宝宝的身体、生理和心理都和成人不同,成人的食品、药品,成人的衣着、打扮,成人的歌曲、影视作品、运动、游戏和娱乐活动等都有可能不适合他。

1. 他有令人惊异的能力,而不是白纸一张

宝宝出生时,除视觉外,各种感官都基本成熟,并且有了模仿和记忆能力;他很早就能通过表情和语调感受别人的情绪,并和别人交流;他分辨语音的能力超过成人,短短两年就能学会基本的母语,有很强的学习能力。

2. 他在不断成长、变化,而不是现在怎样,将来就怎样

如果三四岁的宝宝"说谎",把没有的事当成真的说,请别判定他品行不良,这是他成长中的暂时现象——经常把想象和现实混在一起;如果宝宝发音不准、衣服穿反、写字漏笔画,也请

相信他将来不会一直这样，因为这些问题大多会随着他的成长而逐渐消失。在长大成人的过程中，他有很多机会去发展能力、弥补不足、变得渐渐成熟。

3.他是一个有自己意愿的小生命，而不是讨别人高兴、让别人满意的小玩偶

宝宝虽小，却有自己的兴趣、需要，将来他更会有自己的思想、目标，希望走自己的路。如果硬要按照自己的想法塑造他，很可能事与愿违；如果为了自己高兴、取乐而随意逗弄他，让他做宝宝不适合做的事情，会影响他的健康成长。

二、关于宝宝的成长，您需要了解

1.他的成长有一定的规律

宝宝身体里的基因决定了他会按照一定的顺序发育，比如先会抬头、翻身，然后才会爬、会走。宝宝各方面的发展也都有一定的规律，比如1岁左右开始能说单个的字、2岁左右基本会说话，认识物体的方式从主要用嘴咬和舔渐渐变为通过用手摆弄和用眼观察，等等。

2.他发育、发展的速度在不同年龄段是不一样的

宝宝出生的最初两三年，发育和发展十分迅速，此后逐渐放缓，在小学阶段进入一个比较平稳的发展时期；在青春期，他又会再次经历一个迅速发展变化的阶段，直到成年。

3.在不同的方面，他的成长有不同的规律

比如，宝宝基本的感知觉、动作和语言能力发展较早，在头几年就基本具备。而认识自我、了解别人和逻辑思维等能力在早年间发展缓慢，要到青春期后才基本发展成熟。

4.他有自己独特的成长之路

"龙生九子，各有所好。"虽然宝宝们的成长都遵循相似的规律，但是具体的情形却各不相同。比如，有的宝宝很早就表现出众，有的则幼年表现平平，很晚才展露才华；有的宝宝能歌善舞，有的则擅长于逻辑和数学；有的宝宝脑子灵、学得快，有的虽然学得慢，但掌握知识细致、全面且不易忘记……宝宝们成长的步调、优势领域和擅长的学习方式各不相同，这使他们成长得千姿百态、各具特色。

5.遗传对他的成长影响深远，但顺应天性的教养仍大有可为

比如，有的宝宝遇到新事物反应强烈，怕生，很难适应新环境。这种天生的特点是难以彻底改变的，责备他或者不顾他的感受强行"板"他，结果可能适得其反；但如果顺应他的天性，避免让他突然独自面对完全陌生的环境，又循序渐进地鼓励他面对新事物，他的适应能力也会渐渐增强。

6.生命最早的几年对他的成长非常重要

在这几年里，长期营养不良、持续的伤害、忽视或虐待都会让宝宝的成长过程中受到难以弥补的损伤，但过多的保护则会限制他的活动和体验，过多的训练、学习会超出他能承受的范围，同样会损伤他的发展。最适宜宝宝的，是一个正常的、充满爱的生活环境。

三、养育宝宝，您需要做到

1.保障宝宝的安全和健康，让他感受到快乐和幸福

您要保证宝宝可以得到充足、健康的饮食，安全的环境，及时、正确的医疗处置，避免他遭受重大的伤害。另外，还要多陪他玩耍，和他说话，温和地对待他。

2.了解宝宝，关心他的需要，支持他发展自己的潜能

您要多观察宝宝，了解他想要什么，在保证安全和健康的前提下，为他提供条件，让他充分活动、探索，尝试新事物，学习新技能。还要多鼓励他，指出他的进步，让他通过感受自己能力的增长而建立自信。

3.了解宝宝的成长规律，向他提出难度适当的要求，促进他的发展

您还要学习宝宝成长的知识，了解宝宝的各种能力在不同年龄段可以达到的大致水平，了解适合他年龄和兴趣的玩具、游戏和活动，学习如何与他一起玩耍，如何向他提问题和要求，如何帮助他降低游戏或活动的难度，让他可以通过努力去完成，并增长能力、增强信心。

宝宝是娇弱的，需要您的细心呵护；宝宝的生命又是顽强的，可以经历风雨而成长。养育他的过程必定充满辛苦和挑战，但也必定时时带给您惊喜和幸福。耐心、勇气、智慧和信心，是您在育儿之路上最需要的装备，而本书，希望可以成为您最便捷的工具。

如果您准备好了，请翻到下一页，跟随我们开始不一样的育儿历程。

目录

第1章　宝宝的感知觉　　1

一、关于宝宝的视觉发展，您需要了解　　3
二、促进宝宝的视觉发展，您可以这样做　　4
三、关于宝宝的视觉发展，您的困惑和需要注意的问题　　5
四、关于宝宝的听觉发展，您需要了解　　7
五、促进宝宝的听觉发展，您可以这样做　　8
六、关于宝宝的听觉发展，您的困惑和需要注意的问题　　10
七、关于宝宝的触觉、味觉和嗅觉，您需要了解　　10
八、促进宝宝触、味、嗅觉的发展，您可以这样做　　12
九、关于宝宝的触、味、嗅觉，您的困惑和需要注意的问题　　15
十、促进宝宝感知觉发展的亲子游戏　　16

第2章　宝宝的注意力　　20

一、关于宝宝的注意力，您需要了解　　22
二、关于宝宝的注意力发展，您需要了解　　23
三、促进宝宝的注意力发展，您可以这样做　　25
四、关于宝宝的注意力，您的困惑和需要注意的问题　　28
五、促进宝宝注意力发展的游戏　　30

第3章　宝宝的记忆　　33

一、关于宝宝的记忆，您需要了解　　35
二、关于宝宝记忆力的发展，您需要了解　　37

三、促进宝宝的记忆力发展，您可以这样做　　　　　　　　38
　　四、关于宝宝的记忆力，您的困惑和需要注意的问题　　41
　　五、促进宝宝记忆发展的游戏　　　　　　　　　　　　　45

第4章　宝宝的思维　　　　　　　　　　　　　　　　**47**

　　一、关于宝宝的思维，您需要了解　　　　　　　　　　49
　　二、关于宝宝的思维发展，您需要了解　　　　　　　　50
　　三、促进宝宝的思维发展，您可以这样做　　　　　　　51
　　四、关于宝宝的思维，您的困惑和需要注意的问题　　54
　　五、促进宝宝思维发展的游戏　　　　　　　　　　　　57

第5章　宝宝的语言　　　　　　　　　　　　　　　　**60**

　　一、关于宝宝语言的发展，您需要了解　　　　　　　　62
　　二、促进宝宝的语言发展，您可以这么做　　　　　　　64
　　三、关于宝宝的语言发展，您的困惑和需要注意的问题　66
　　四、促进宝宝语言发展的亲子游戏　　　　　　　　　　69

第6章　理解宝宝的情绪　　　　　　　　　　　　　　**74**

　　一、关于宝宝的情绪，您需要了解　　　　　　　　　　76
　　二、关于宝宝情绪智力的发展，您需要了解　　　　　　78
　　三、促进宝宝情绪智力的发展，您可以这样做　　　　　80
　　四、关于宝宝的情绪，您的困惑和需要注意的问题　　84
　　五、促进宝宝情绪能力发展的亲子游戏　　　　　　　　90

第7章　培养宝宝的安全依恋　　　　　　　　　　　　**95**

　　一、关于宝宝的依恋，您需要了解　　　　　　　　　　97

二、关于宝宝依恋的发展，您需要了解　　　　　　　　98
三、促进宝宝安全依恋的发展，您可以这样做　　　　100
四、关于宝宝的依恋，您的困惑和常见问题　　　　　102
五、促进安全依恋发展的亲子游戏　　　　　　　　　108

第8章　培养宝宝的社交能力　　　　　　　　　111

一、关于宝宝的社交能力，您需要了解　　　　　　　113
二、培养宝宝的社交能力，您可以这样做　　　　　　114
三、关于宝宝的社交能力，您的困惑和常见的问题　　115
四、促进宝宝社交能力发展的亲子游戏　　　　　　　118

第9章　宝宝社会行为的发展　　　　　　　　　121

一、关于宝宝的亲社会行为，父母需要了解　　　　　123
二、关于宝宝的攻击行为，父母需要了解　　　　　　125
三、培养宝宝的亲社会行为，减少攻击行为，您可以这样做　127
四、关于宝宝的社会性行为，您的困惑和需要注意的问题　131
五、促进宝宝社会行为的亲子游戏　　　　　　　　　135

第10章　宝宝的性别角色与性心理发展　　　　140

一、关于宝宝的性别角色发展，您需要了解　　　　　142
二、关于宝宝性意识的发展，您需要了解　　　　　　144
三、引导宝宝的性别角色和性意识发展，您可以这样做　146
四、关于宝宝的性别角色和性意识发展，您的困惑和需要
　　注意的问题　　　　　　　　　　　　　　　　　148

3

第11章　宝宝自我意识的发展　　　　　　　152

一、关于宝宝的自我意识，您需要了解　　　　154
二、关于宝宝自我意识的发展，您需要了解　　155
三、促进宝宝自我意识的健康发展，您可以这样做　　157
四、关于宝宝的自我意识，您的困惑和需要注意的问题　　161
五、培养宝宝健康自我意识的活动　　　　162

第12章　宝宝的气质与教养　　　　　　　165

一、关于宝宝的气质，您需要了解　　　　167
二、根据宝宝的气质类型，您可以这样做　　170

第1章
宝宝的感知觉

宝宝从呱呱坠地起,就开始了对世界的探索和学习,而感觉与知觉就是他们认识世界的首要手段。感知觉包括:视觉、听觉、触觉、味觉、嗅觉等。通过感知觉所获得的基本感受、经验,为宝宝日后进一步发展认知能力奠定了基础。

本章为您介绍宝宝各种感知觉发展及相关能力培养的知识。

要点提示

- 宝宝视、听觉的正常发育离不开均衡、充足的营养。在补充营养素的同时，需要注意食物的多样性，才能达到营养平衡吸收。

- 适宜而丰富的刺激是保证宝宝视、听觉发展的基础。在为宝宝创造环境时需要掌握"适宜"和"丰富"两个标准。

- 宝宝眼睛、耳部及周边的卫生需要特别的呵护，并且要采用正确的护理方法。父母需要带宝宝做早期的听力筛查和定期的视力检查，确保发现问题及时纠正和治疗，以免影响其他认知能力的发展。

  用眼过度、用眼疲劳是导致近视的主要原因。看电视、玩玩具、看书等这些事情最好分布在一天当中不同的时间段去做，而且要尽量控制好时间的长短。

- 在给宝宝听音乐时，要避免使用耳机，还要控制好音量和时间的长短。

- 宝宝的触觉发展的特点是先"动口"再"动手"，多给宝宝创造用嘴和手认识世界的机会。父母的拥抱、爱抚对宝宝的触觉发展是非常重要的。

- 妈妈怀孕期、哺乳期的饮食对宝宝的味觉发育有很大影响。在宝宝添加辅食的时候，要为宝宝提供丰富的味觉体验。

- 嗅觉和视觉、听觉一样是宝宝非常重要的感觉能力，要注意保护好宝宝的鼻黏膜，让宝宝远离二手烟。

一、关于宝宝的视觉发展，您需要了解

宝宝的视觉随着年龄的增长，展现出不同的特点。

1. 0~1岁

新生儿

- 还不能很好地聚焦。
- 喜欢对比强烈的图案以及曲线图案。
- 喜欢柔和散射的光线，讨厌强烈的光线直接照射。
- 两只眼睛活动不协调，可能会出现两只眼睛朝不同方向动，或只有一只眼睛动的情况。

1~2个月

- 看得最清楚的是距离眼睛30厘米左右的物体。在与宝宝互动时最好保持这个距离。
- 可以随眼前移动的物体转动眼睛，能追视左右移动的物体。喜欢看熟悉的人的脸。

3~4个月

- 开始喜欢色彩鲜艳的物品。
- 有了初步的立体感和距离感。
- 两眼协调能力在4个月时基本能够发展到和成人差不多的水平。

5~6个月

- 学会抬头后，宝宝能追视上下移动的物体。

- 对红、绿、蓝3种颜色最敏感，可以选择以这些颜色为主色调的玩具。
- 眼睛与双手可以相互协调做简单动作。

7~12个月

- 开始对较远、较小的东西产生兴趣。

2. 1~2岁

- 视野进一步开阔。
- 1岁以后，可以给宝宝一些比较精细的玩具或者物品。

3. 2岁以后

- 到了3~4岁时，宝宝的视力水平大幅度提高。
- 在5~6岁时，基本达到成人视觉状态。

二、促进宝宝的视觉发展，您可以这样做

1. 营造恰当的色彩环境

随着宝宝一天天成长，他们会不断接触到生活中越来越多的色彩。宝宝一般比较喜欢黄色、橙色、浅蓝、浅绿等较为明快，让人心情舒畅的颜色。所以，爸爸妈妈应该认真考虑日常的色彩效应，为宝宝营造一种欢快、明朗的色彩环境，促进他们对于色彩认知的同时避免使宝宝长期处于比较压抑暗淡的色彩中。

2. 提供自由的绘画和想象空间

绘画对宝宝的感知能力、想象能力和创造性思维的发展起着重要的促进作用。1岁多的宝宝就会拿起笔来乱画,他们发现,原来也可以用笔来表达自己。关于宝宝的绘画:首先,父母应该了解到:这是他们视觉及多方面能力发展的自然表现和发展过程,是他们认识世界的一种表达方式,没有好坏之分。应该给宝宝足够的自由,不要总是制止他们的"乱画"行为。其次,父母要多鼓励而非嘲笑或纠正,并加以适当引导。再次,父母需要知道,大部分宝宝都会经历喜欢涂涂画画的阶段,但是他们当中仅有少数将来能成长为真正的画家。因此,父母要少一些功利之心,多注重培养宝宝的兴趣爱好才是根本。

三、关于宝宝的视觉发展,您的困惑和需要注意的问题

1. 外出时,该不该遮盖宝宝的眼睛

有些父母怕外面的太阳光过于强烈而伤害到宝宝的视力,出门常用眼罩或是毛巾等盖在宝宝的眼睛上。其实,这种做法对宝宝视力发育的伤害可能更大。宝宝时期是视觉发育最敏感的时期,如果眼睛经常被遮挡甚至遮盖好几天,就可能造成永久性的视力异常。夏天外出时,如果怕阳光太强,父母可以打开婴儿车的遮阳篷,也可以临时用纱巾遮盖一下,避免强光直接刺激宝宝的眼睛。

2. 宝宝洗澡时，到底能不能用浴霸

洗澡时尽量不要给宝宝开浴霸。因为浴霸的光强度很大，尤其宝宝洗澡的时候多是躺着的姿势，眼睛正好看到浴霸，时间一长，强光对宝宝视力会造成一定程度的伤害，有些甚至是不能逆转的。因此，2岁以内宝宝洗澡时不建议使用浴霸，如果怕洗澡时受凉冻到，父母事先可以用暖风机把浴室预热。

3. 宝宝怕黑，晚上睡觉可以不关灯吗

本来应该黑暗的夜晚如果开灯照明，会打乱宝宝内在的生理调节系统，更容易影响其正常睡眠与成长。因此，宝宝睡觉时最好把灯关闭。对于小宝宝，父母可能经常半夜起床喂奶，这种情况可以在床边准备亮度较低的小台灯。

4. 在婴儿床上挂玩具对宝宝有好处吗

宝宝出生后，很多父母喜欢在宝宝的床栏中间系一根绳，在上面悬挂一些可爱的小玩具。如果把玩具挂得特别近，宝宝要长时间近距离用眼，有可能发展成内斜视。正确的方法是把玩具悬挂在婴儿床围栏的周围，并且经常更换玩具的位置和方向，防止宝宝眼睛长时间看向一个方向。

5. 化学制剂进入宝宝眼睛了，怎么办

家庭中的许多化学制剂，比如，洗洁精、洗发水、沐浴液等都会对宝宝的眼角膜造成伤害，而且速度非常快。因此，如果宝宝误把这些化学制剂弄入眼中，父母应该立即用生理盐水或者

自来水冲洗宝宝的眼睛。冲洗时用手指将其眼皮撑开（越大越好），并尽可能地让宝宝转动眼球。冲洗后立刻送医院治疗。

延伸阅读 对电子产品说"不"

色彩鲜艳、画面迅速闪动的电子产品，对宝宝眼睛伤害非常大。3岁以内的宝宝，视力还没有发育成熟，长时间看电视、iPad等电子设备很容易造成近视等视力问题。因此，不建议2岁以内的宝宝接触电子产品。3岁以后的宝宝每天看电视、电脑、iPad等也不要超过20分钟。看电视时应该离电视屏幕对角线长度6～8倍距离。看电脑和iPad时，宝宝的眼睛与屏幕至少要保持33厘米的距离。而手机由于屏幕太小，所以不建议宝宝使用。

此外，非常重要的一点是，看完电视或玩完电脑后，要让宝宝的眼睛得到充分的休息，最好的方法就是带他到大自然中，看看远处的美景。

四、关于宝宝的听觉发展，您需要了解

1. 新生儿

- 能分辨高低音及多音节，能将妈妈的语音和家里其他人的语音区别开。
- 对声音有定向反应，听到声音后会转动眼睛和头去寻找声源。
- 如果声音频率太高、强度过大，他的眼睛会转离开声源

或者用哭声表示拒绝这种刺激。

2. 1个月以上

1~3个月

● 听到突然发出的声响后会眨眼睛、瞳孔扩大，头部和身体会有颤动。

3~6个月

● 对语言声音逐渐熟悉，听到声音后，头部常会转向有声音的一边。

9个月以上

● 听到平时自己熟悉的声音，比如，叫自己的名字时，就会寻找。

1岁左右

● 关心玩具发出的各种声音。
● 对人的走动、开关门的声音有明显反应。

五、促进宝宝的听觉发展，您可以这样做

1. 选择适宜的发声玩具

父母可以为宝宝准备各种各样能够发出声音的玩具，比如，在小床上系上发声玩具，或者拿着摇铃在不同方位摇动，吸引宝宝转头寻找声源。当然，玩具的声音不能过大，否则容易惊吓到宝宝。等到宝宝大一点的时候，可以提供更丰富的发声玩具，比如，音乐盒、拨浪鼓及能捏响的各种玩具。这些玩具可以同时刺

激宝宝的听觉、视觉及触觉的发展。

2. 创造丰富的语言环境

当父母满怀深情地与宝宝聊天说话时，虽然他们还不能用语言回答，但是家人的话语能够让宝宝不断接受到语言声音的刺激，意识到自己是被关心照顾的，这不仅对他们的听觉能力、语言能力发展具有促进作用，同时有利于培养安全感。和宝宝说话时，父母尽量做到发音清晰、语速略慢、适度重复、语句简短、语调适度夸张，这样能够更好地吸引和保持宝宝的注意。

3. 提供接触优美音乐的环境

优美的音乐对宝宝的听觉能力、音乐节奏感及情绪等方面有一定的促进作用。父母可以为宝宝播放一些节奏鲜明、旋律优美的音乐。在为宝宝播放音乐时，注意时间要适当，音量可以类似于平时说话声的大小。

和画画一样，音乐是大多数宝宝都喜欢的，父母可以把它作为一种爱好来培养，提高宝宝的音乐欣赏水平。有些父母看到宝宝享受音乐的表现，认为自己的宝宝具有特别的音乐天赋，于是开始给宝宝报各种音乐启蒙班、乐器班，用专业的标准来要求宝宝。结果宝宝可能反而很快就对音乐失去原有的兴趣了。父母可以为对音乐有喜好的宝宝提供更多接触优秀音乐的机会，并作为一种兴趣、爱好来培养，以提高宝宝对音乐的欣赏能力，但是父母要清晰地认识到，不是所有孩子都可以成为音乐家。

六、关于宝宝的听觉发展，您的困惑和需要注意的问题

1. 需要给宝宝一个绝对安静的环境吗

有些父母怕吵到宝宝，在家里说话、走路都悄悄的。其实宝宝的听觉能力需要适当的声音刺激才能够正常发育。宝宝应该生活在一个自然的声音环境中，平时家庭生活中正常的声音都可以自然处理，不用刻意回避。当然，避免一些过大过强的声音是必要的，比如，震耳的摇滚音乐，或者尖锐的汽笛声，等等。

2. 该不该给宝宝掏耳屎

建议不要随意清除宝宝的耳垢，即耳屎。耳垢具有一定的保护功能，既可以阻挡灰尘与小飞虫的入侵，又能缓冲噪声，阻止水分的流入，还可抑制细菌的滋生和繁殖。一般而言，耳垢可随咀嚼、张口或打哈欠等动作而自行脱落、排出。如果分泌过多，使宝宝感到不舒服或者听力下降时，应该向医生求助。

七、关于宝宝的触觉、味觉和嗅觉，您需要了解

1. 宝宝的触觉：先"动口"再"动手"

宝宝最初用口来吮吸乳汁，慢慢学会吃手，然后，还会用口认识周围的一切，什么东西都放到嘴里尝一尝。在"品尝"的过程中，其实宝宝认识了许多不同的东西，生活经验也随之丰富起来。

随着成长，宝宝逐渐发现手是一种多么有效的工具，从而开始经常用手来抓握、摆弄接触到的各种物品，更广泛、深入地认识这个世界。

2. 宝宝的味觉：受妈妈的饮食影响大

出生前，子宫羊水的味道是影响胎儿味觉的重要因素。羊水中有母亲所食用的各种食物的味道，胎儿吞咽羊水的过程中就能够接触到如糖、蛋白质和盐等各种物质的味道。因此，母亲孕期的饮食习惯可能会影响出生后宝宝的味觉发育。

出生后，影响宝宝味觉发育的第一种因素是母乳。母乳的味道与母亲饮食摄取有关，宝宝通过吮吸乳汁感受多种味道。第二种影响因素是宝宝的辅食体验。比如，有些父母给宝宝在食物中添加一些甜味液体，宝宝长大一些后也更喜欢高浓度的甜味液体。为了宝宝的健康，不建议给宝宝添加甜味液体。

3. 宝宝的嗅觉：重要的生存能力

嗅觉是一种非常重要的感觉能力。刚出生的新生儿对乳味特别敏感，如果闻到乳香就会积极地寻找乳头，而且能够区分出自己妈妈独特的乳香味。嗅觉还能够帮助宝宝远离可能造成的伤害。当对周围的气味逐渐熟悉后，宝宝对新气味会表现出抵抗。比如，陌生人抱他时会表现得很反感甚至哭闹，没有吃过的食物不会轻易尝试。因此，嗅觉对宝宝在很大程度上能够起到保护的作用。

八、促进宝宝触、味、嗅觉的发展，您可以这样做

1. 让宝宝的身体来体验

拥抱、爱抚是父母表达对宝宝关心，促进宝宝触觉发育的重要途径。触觉发展的意义不仅局限于它自身。抚触能够促进宝宝生长激素的分泌和大脑发育，有助于消化及宝宝健康人格的发展等。父母还可以让宝宝多把玩不同质地、形状的物品，以此来促进其触觉发展。还要多带宝宝去户外发现大自然的丰富与奇妙，让宝宝接受丰富的感觉刺激。

2. 不要剥夺宝宝用嘴认识世界的机会

1岁以前，许多宝宝喜欢把玩具等东西放进嘴里啃咬，这是他们认识世界的一种方式，也是智力发展的一个信号。所以，父母没必要采用恐吓的方式来强行制止。但是要注意安全和卫生，不要让宝宝把小的物件放进嘴里，以防窒息。这个阶段，父母可以提供一些干净、卫生的替代品给宝宝来咬，比如，让宝宝自己抓小块的食物吃等。

3. 让宝宝用手认识世界

在保证安全卫生的前提下，给宝宝一些可以用手来把玩、摆弄的物体，让宝宝充分体验手的功能。有一段时间，宝宝可能喜欢反复扔东西，那是他发现了手的重要功能——不仅能抓东西，还能扔东西。父母不要轻易责备宝宝，可以提供一些不易损坏的玩具，或是和宝宝一起玩扔东西、捡东西的亲子游戏。

4. 经常给宝宝做抚触

在抚触开始前，爸爸妈妈需要做一些准备工作。比如，创造温暖、舒适、安静的环境，清洁双手，避免指甲、戒指等划伤宝宝皮肤。可以用宝宝润肤液或按摩油，在抚触时起到润滑作用。手法要从轻开始，慢慢增加力度，避免让宝宝不适。

抚触可以每天做1~2次，从较短时间开始（如5分钟），然后慢慢适度延长（如15~20分钟），具体情况需要依据宝宝的反应是否愉悦而定。可以依据从上到下、从躯体到四肢的顺序（比如，从头、胸、腹部、四肢，到手、足等顺序）。一般建议在宝宝洗完澡后、午睡或晚上睡觉前、两次哺乳间、不饥饿和不烦躁时进行。如果宝宝出现哭闹、肤色变化或呕吐等现象，要立即停止。

5. 妈妈先做到不偏食

妈妈在怀孕期、哺乳期要注意丰富饮食口味，让宝宝在胎儿时期从母亲羊水中、在出生后通过母亲乳汁都能够接触到多种味道，有利于他们今后接纳新食物。

6. 让宝宝尝试多种类的食物

在添加辅食时期，有意识地让宝宝尝试多种类的食物，为宝宝提供丰富多样的味觉体验，有利于他们以后接受各种食物。同时，父母还可以鼓励宝宝用多种感官来"体验"食物。比如，外形与颜色（视觉）、质地（触觉）、咬上去的声音（听觉）以及吃起来的味道（味觉）等，丰富宝宝多种感觉的体验。

7. 保护宝宝的鼻子

宝宝的鼻腔是肺的空调和过滤器，在防止病菌进入体内起着重要的作用，相关调查显示，在病毒性流感、上呼吸道感染、肺炎等呼吸系统感染疾病中，80%是由鼻腔缺乏应有的保健引起的。所以父母要帮助宝宝学会保护小鼻子。

坚持户外运动。即便是冬季，宝宝仍需要适当外出活动，但天气寒冷时，可相应地缩短在户外逗留的时间。坚持户外运动有助于提升宝宝的抵抗力，加强新陈代谢，提高鼻腔对病菌的抵抗力，从而增强宝宝鼻腔的自我保护功能。

凉水洗脸。早上洗漱时，可用凉水给宝宝洗脸和洗手，用凉水洗脸可以改善鼻黏膜的血液循环，从而起到预防感冒和呼吸道疾病的作用。

经常给小鼻子做按摩。经常给宝宝的小鼻子做做按摩，同样可达到预防疾病的目的。可帮宝宝推擦鼻梁、按摩鼻根、轻捏鼻孔、推擦鼻翼等来帮助宝宝保持鼻腔血流通畅。

多吃润燥食物。冬季空气干燥，妈妈给宝宝准备辅食时，要注意多准备一些润燥的食物，比如，梨、藕、萝卜、芝麻等。

注意保证室内湿度。冬天取暖，北方有暖气，南方有电暖气、电热宝，这些取暖设施在让室内暖和起来的同时，也会导致室内空气过于干燥。

别让宝宝抠鼻子。宝宝鼻黏膜薄嫩，如果宝宝养成随意抠挖鼻孔的习惯，很容易伤及鼻黏膜，所以切忌宝宝养成挖鼻孔的坏习惯。

教会宝宝正确的擤鼻涕方法。宝宝有鼻涕需要清除时，妈妈要教会宝宝正确擤鼻涕的方式，即以轻柔的手法先擤一侧再擤另一侧，以防因反作用使鼻涕进入咽鼓管和鼓室，导致继发急性中耳炎。切不可两手同时按住两侧鼻翼，以猛擤的方式擤鼻涕。

出门戴口罩。冬季寒冷干燥，宝宝出门时戴上小口罩可避免冷风直接刺激宝宝的鼻腔，可有效降低过敏或感冒、鼻炎的发病率。

生理盐水擦拭鼻腔。冬季，用冷水帮宝宝洗鼻子，有助预防感冒。宝宝感冒时，为缓解不适，可用生理盐水擦拭宝宝的鼻腔。生理盐水有杀菌的作用，有助于预防鼻子不适症状加重。

8. 让宝宝远离二手烟

虽然现在倡导禁烟，但现实生活中还是有很多人在公共场合吞云吐雾，这对宝宝健康有较大的影响。因为二手烟不仅直接刺激宝宝的鼻腔与呼吸道，而且容易引发宝宝哮喘、婴儿猝死综合征、气管炎、肺炎和耳部炎症等。

九、关于宝宝的触、味、嗅觉，您的困惑和需要注意的问题

1. 该不该使用安抚奶嘴

安抚奶嘴可以用，但要谨慎使用。安抚奶嘴的作用是为了安抚宝宝，而不是代替父母的关爱。如果宝宝每次哭闹都往他嘴里塞上一个安抚奶嘴，会降低他对于爸爸妈妈的信任，宝宝甚至

会抗拒爸爸妈妈的关爱。安抚奶嘴只能用于满足宝宝短时间的需要，2岁以内宝宝可以使用，但随年龄增长，则应该逐渐戒掉。

2. 该不该给宝宝喝纯果汁

给宝宝喝未经稀释的100%纯果汁，相当于让他们直接接触过甜的食物，这可能会导致宝宝不肯再喝白开水，甚至厌奶。如果因为某种特殊原因一定要喝一点，要特别记得给宝宝喝纯果汁时一定要稀释。刚开始，稀释比例高一些，尽量让味道淡一些。此外，最好经常变换果汁的口味，比如，今天是酸一点的橙汁，明天是甜一些的梨汁，这种变换可以促进宝宝味觉发育。如果宝宝喝果汁后出现皮疹、拉稀、烦躁等过敏反应，或者开始厌奶，则需要立即停止饮用，必要时，还需要到医院就诊。

3. 宝宝闻到陌生的气味总是哭闹

可以从闻水果，接触不同地方开始，加强宝宝嗅觉的适应性。在宝宝精神好的时候给他闻不同味道的水果，带宝宝接触陌生的环境，帮助他渐渐熟悉不同物品或环境所具有的气味。

十、促进宝宝感知觉发展的亲子游戏

1. 看看哪里有变化

游戏玩法：在一个游戏区域（桌子上）或场所（宝宝的房间等）。让宝宝转过身或者离开，父母将物品做一些小改动，比如，增加或者减少一个物品、将足球放在床上、将椅子放在桌子上等，完成后让宝宝观察有什么变化。

游戏解读：游戏可以锻炼宝宝的观察力，调动宝宝的视觉、注意、记忆等认知能力。注意不要藏太小的物品，因为物品过小，宝宝很难发现，必要时可以给些提示，避免由于找不到而造成宝宝的挫败感。

2. 自制沙锤

游戏玩法：准备多个相同的空易拉罐，在里面放入绿豆、沙子等，然后用胶带将开口密封。沙锤做好后，让宝宝摇一摇、听一听，区分沙锤音色有何不同。

游戏解读：使用家中常见的物品，让宝宝通过声音了解事物的另一种属性。对于较大的宝宝，可以让他们自己放豆子、沙子等，并且可以改变放入物体的量，感受自制沙锤的过程，体会动手和变化带来的快乐。

3. 尝（嗅）味道猜食物

游戏玩法：蒙上宝宝的眼睛让宝宝品尝小块的食物，让他通过品尝或闻来辨别这是什么食物，然后摸一摸、闻一闻、咬一咬完整的食物。父母还可以当着宝宝的面把食物切开或掰开，让宝宝了解食物里面的样子，并且让宝宝玩一会儿。

游戏解读：这个游戏能调动宝宝多方面的感觉体验，增加宝宝对食物的兴趣。如果宝宝年龄较大，父母还可以在小游戏中有意渗透一些科学知识。比如，植物的皮、种子等知识；也可以让宝宝自己动手"打开"食物，如剥橘子皮、鸡蛋皮等，锻炼宝宝的眼手协调能力，为自理能力的发展打基础。

4. 触摸桶

游戏玩法：在一个不透明的小桶里放入一个毛绒玩具或者其他玩具（物品）。让宝宝把手伸进桶里，不许看，尝试让他猜出里面的东西。

游戏解读：触摸游戏不但可以丰富宝宝的触觉体验，同时有利于发展他对物体局部、整体特征的认识。父母也可以和宝宝互换角色，让宝宝藏，爸爸妈妈猜，增加游戏的趣味性。

第 1 章 宝宝的感知觉

父母可以这样帮助宝宝适应

妈妈可以带着宝宝到大自然闻闻花香，摸摸树叶。

不要剥夺宝宝用嘴认识世界的机会。

宝宝高兴地抽玩纸巾盒，漫天飞舞的纸巾正是宝宝在用手认知的证据。

妈妈可以为宝宝进行抚触活动，增进亲子互动的同时，提高宝宝感知觉的发展。

想充分打开宝宝的味蕾，妈妈要先做个好榜样。

给宝宝尝试不同的食物，让他慢慢地了解不同的味道，有不一样的感受。

19

第2章
宝宝的注意力

经常会发呆,做事慢吞吞,他们在干什么?
为什么那么容易分神?
一刻不闲着、玩什么都玩不长,不会是多动症吧?
……

您可能正在为这些问题所困扰。

　　本章我们将为您介绍宝宝注意力的特点和发展规律,告诉您什么因素可能影响宝宝注意力的发展,以及作为养育者怎么培养宝宝的注意力。

要点提示

● 当宝宝的注意力集中在某个事物上时，常伴随着一些特有的生理变化和表情动作。可以通过这些表现来了解宝宝的注意力情况和兴趣爱好。

● 宝宝的注意力以无意注意力占优势，那些鲜明、新颖、变化的事物都很容易引起宝宝的注意。

● 宝宝有意注意力的稳定性在不断地提高，但注意力的时间仍很短暂。

● 家庭中一些常见的问题可能会对宝宝注意力有不良影响，但可以通过积极的方法帮助发展宝宝的注意力。

一、关于宝宝的注意力，您需要了解

1. 宝宝集中注意力时的表现

当宝宝的注意力集中在某个事物上时，常伴随着一些特有的生理变化和表情动作。

- 朝向被注意的东西：比如，盯着图画看；把耳朵转向鸟叫的方向；思考问题时常常"发呆"。
- 无关动作会停止：比如，在看动画片时，宝宝坐在凳子上一动不动，连苹果都忘了吃；听故事时，宝宝会变得很安静。
- 呼吸变得轻微而缓慢。
- 紧张注意时，还会"憋气"、心跳加快、牙关紧咬、拳手紧握等。

2. 宝宝自身的哪些因素会影响他的注意力

- 兴趣：宝宝的注意力比较容易随兴趣而转移，对感兴趣的事物往往注意的时间较长。宝宝的注意力之所以不太稳定，也是因为他们一般对周围的事情普遍都感兴趣。
- 认知：一般智力水平越高，注意力水平也越高。一些感觉统合失调的宝宝，由于大脑指挥和控制能力很差，也出现注意力不集中的现象。
- 发育：身体弱的宝宝，玩不多久就会感到累，往往对事物缺乏热情，注意力也不容易集中。
- 其他：除了宝宝的年龄以外，宝宝的气质等个性特点以及宝宝的情绪状态也会对注意力产生影响。

3. 哪些家庭常见问题会对宝宝注意力有不良影响

● 供需不符：不能激发宝宝兴趣、不符合宝宝心智水平的活动，会使他厌烦而分散其注意力。

● 教养不当：宝宝做事时，成人总爱问这问那。有时成人想要宝宝做一件事，不管宝宝此时在干什么，一定让他停下来干要求他干的事，搞得宝宝心烦意乱，不知所措。

● 玩具过多：琳琅满目的玩具会让宝宝目不暇接，定不下心来。

● 成长环境嘈杂：成人做事急急匆匆，房间里杂乱无章；或家里人来人往，宝宝没有安静的环境。

● 家庭气氛比较压抑：在不良的家庭环境中，宝宝的精神处于紧张、压抑、恐惧和不安中，容易出现多动、情绪不稳定、注意力难集中等现象。

● 生长环境转换频繁：宝宝对环境的变化极为敏感。托养关系、教育环境经常转换，会使孩子由于情绪的不稳定而影响到注意力的集中。

二、关于宝宝的注意力发展，您需要了解

1. 1岁以内

● 宝宝一出生就有原始的注意行为。比如，大的声音会使他暂停吸吮，明亮的物体会引起他视线的短暂停留，等等。

● 婴儿阶段他已经出现了感觉偏好，对某些信息注意的时间较长。如0~3个月的宝宝会更加喜好某些图形，3~6个月的宝

宝会更多注意节奏感强、音色熟悉的声音，等等。

● 这一阶段宝宝的注意力往往是由外部事物引发的，就像成人"看热闹"一样。

2. 1~3岁

● 有意注意在1岁左右开始发展，这是一种有目的的、需要付出意志努力才能维持的注意力。

● 1岁宝宝的有意注意力尚处于萌芽阶段，持续的时间不长、不稳定，而且不灵活，宝宝往往仅能注意自己选择的活动，所以当他在做某件事情时，你叫他经常得不到回应。

● 2~3岁的儿童可以根据成人的指示而转移注意力，去注意成人选择的活动。

3. 3~6岁

● 虽然3~6岁儿童的有意注意力在发展，但是仍是无意注意力占主导优势，那些鲜明、新颖、变化的事物都很容易引起儿童的注意。

● 3~4岁的儿童已经能够先听指令然后做事了，但他们需要全神贯注地听指令，而且一次只能顾及一种指令。

● 4~5岁的儿童已经能够在进行活动的同时听指令了。

● 有意注意力的稳定性在不断地提高。在良好的教育环境下，3岁儿童能够集中注意力3~5分钟，4岁儿童能集中注意力10分钟，5岁儿童注意力的时间可以延长到15分钟左右。当然如果在游戏的情境中，儿童注意力集中的时间可能略长。

● 年龄较大的宝宝可以开始使用注意策略。比如，5岁的儿童在"寻找丢失的物品"的游戏中，能较有计划地把院子的每个角落都找一遍，而年龄较小的儿童则是毫无计划地东找找西找找。

三、促进宝宝的注意力发展，您可以这样做

1. 观察和了解你的宝宝

很多养育者可能并不是特别关注宝宝的注意力，特别是在宝宝开始"正式学习"之前。如果是这样的话，你需要从现在了解宝宝的注意力了，因为宝宝有了注意力，才能持续地去感知、思考、记忆，才能对自己的行为进行监督和调控，有意识地去做自己想做的事。

宝宝的注意力已经发展到了什么样的水平？他对什么感兴趣？哪些因素会引起他的注意？哪些因素会干扰他的注意？他需要您的支持和帮助吗？他需要怎样的支持和帮助？

您可以通过观察宝宝的注意来知晓宝宝的兴趣，而兴趣正是宝宝学习的起点，宝宝对自己感兴趣的事物学习得更快。您可以根据宝宝的兴趣来选择适宜的活动，创造能增强儿童注意力和学习的环境。

2. 在生活中培养宝宝的注意力，帮助宝宝明确和理解活动的目的

宝宝对活动的目的和意义理解得越深刻，完成任务的愿望也

越强烈，有意注意力保持的时间也越长。在日常生活中，您可以经常向宝宝提出活动的目的，久而久之，宝宝将学会有意注意，并逐步养成有意注意的习惯。

创设良好的环境

宝宝的学习环境应尽可能整洁，以防止不必要的干扰分散宝宝的注意力。在日常生活中，您要避免在宝宝学习的地方进进出出，宝宝学习时更不要在一旁看电视或打牌，否则很容易分散宝宝的注意力，长此以往，宝宝容易养成东张西望、心神不定的习惯。最好的方法是，宝宝在学习的时候，您坐下来看看书，读读报，以身作则，为宝宝树立一个良好的学习榜样。

科学安排宝宝学习的时间

您可以根据宝宝的年龄特点安排宝宝的学习，时间不宜太长，否则容易引起疲劳，导致宝宝注意力分散，甚至引起宝宝的厌学情绪。切忌一天到晚强迫宝宝坐着一动不动，越是这样，宝宝就越是不能专心。

培养宝宝的自制力

有意注意是需要意志的努力才能完成的，没有良好的自制能力，就不可能有良好的注意能力。您要有计划地在宝宝的日常生活中，鼓励他们把每一件事做好，不要半途而废，以培养他们善于控制自己行为的能力。需要注意的是，对于宝宝的要求要合理，不能过高，更不能苛求宝宝，当然要求太低也起不到作用。

通过游戏培养宝宝的注意力

游戏是培养宝宝注意力的一个好方法，因为游戏是宝宝最喜欢的一种活动形式，在游戏中宝宝保持了愉悦的情绪。您可以根据在游戏中观察到的情况，为宝宝选择适当的活动，并进行恰当的引导，让宝宝保持和增强注意力。

引导游戏活动的原则有：

● 适宜的开始：从宝宝的注意力维持时间最长和需要成人帮助最少的活动作为游戏的开始。

● 活动之间小步子的过渡：可以运用活动中一个能引起宝宝动机的因素，来帮助他过渡到另一个他注意时间较短的活动。

● 根据感觉偏好来设置活动：您可以利用宝宝的感觉偏好来保持他们的注意。比如，宝宝喜欢活动，可以在游戏中加入动作。

● 消除引起注意力分散的因素：可以控制环境，减少可供他选择的玩具或用品，但是不要排除选择。宝宝做出选择之后，可以把其他的东西拿开。

对于宝宝来说，他们注意最少的活动，通常是那些他们感到困难的，或是不能引起强烈动机的活动。成人应当让这些活动变得更加容易、更有吸引力。可以采取以下方法：

● 给这个活动添加一些能够吸引宝宝注意力的东西。

● 通过让宝宝展示技能，使他体验成功。

● 为宝宝示范下一步应获得的技能或进步。

● 让宝宝感觉到活动的乐趣和意义。

● 只有在必要的时候，才给予表扬、拥抱或者一般性的奖励来促进宝宝进行尝试。

把长的活动分为几个小部分，加入有趣的元素，提升宝宝的注意力。

在活动中加入音乐或音效等，从而丰富宝宝的注意体验。

四、关于宝宝的注意力，您的困惑和需要注意的问题

1. 宝宝自己做事时总是"发呆"和"慢吞吞"怎么办

在宝宝的成长过程中，自己独处和与其他人互动都是非常重要的事情。宝宝在自己玩时经常会"发呆"或"慢吞吞的"，您可能不知道他在干什么，而通过上面的知识您可能已经了解到，那正是宝宝集中注意在思考问题。这个时候您只需要在一旁安静地等待和观察他，千万不要问这问那，或者急着叫他玩下一个游戏。独自玩要能够让宝宝独立思考、培养独自解决问题的能力和专注的个性品质。

对于小宝宝来说，您可以在他出现厌倦表现或遇到不顺利大哭的时候再及时给予适当的帮助。

当然对于五六岁的宝宝来说，如果他现在做的是一项有明确目标的活动的话，那将另当别论，这正是下面要讨论的问题。

2. 宝宝为什么那么容易分神

宝宝的注意是不稳定的，在整个学龄前期无意注意都更占优势，因此那些鲜明、新颖、变化的事物都很容易引起儿童的注意，改变他注意的目标。从积极的方面理解，儿童注意不稳定是他积极探索世界的表现，也为他认知能力发展创造了前提。

但从另一方面看，注意力的不稳定不利于清晰地了解事物，更不利于完成较为复杂的学习任务。因此，发展注意的稳定性是

儿童入学前的重要心理准备之一。

您要避免上文中提到的"家庭常见问题"对宝宝的不良影响，并且可以尝试上面提到的帮助宝宝明确和理解活动的目的、培养宝宝的自制力等方法，来培养宝宝的注意力。

3. 宝宝一刻不闲着、玩什么都玩不长，不会是多动症吧

一般宝宝注意力的集中时间也就是几分钟到十几分钟，不能以成人的标准来衡量他，武断地评价宝宝"玩什么都玩不长"。

如果宝宝确实是经常"一刻不闲着"，您也不要着急。一般的"好动"和"多动症"是有区别的。"好动"的宝宝"坐不住"是有原因的。比如，他对活动不感兴趣，情绪不好或是环境的不良影响，等等，您可以通过观察和分析去了解实际情况。而多动症则是病态的。您可以从下面几个方面来比较：

● 和兴趣有无关系：多动症的宝宝注意力无论什么时候都很难集中，常常表现出不安、躁怒、忧郁的状态。而好动的宝宝遇到自己感兴趣的事情却能全神贯注地玩上一阵子。

● 有无目的性：好动的宝宝行动是有目的的，而多动症的宝宝行为具有较强的冲动性，但在游戏过程中容易散漫，缺乏明确的目的。

● 有无自制力：好动的宝宝在严肃、陌生的场合会自我控制，而多动症的宝宝却不论什么场合，都不能控制自己的行为。

多动症可以通过专业机构进行诊断和干预，如果您感觉您的

宝宝可能存在这方面的问题，要在养育过程中留心注意宝宝的行为，但千万不要对号入座，需要到专业机构进行诊治。

五、促进宝宝注意力发展的游戏

1. 戴帽子

游戏玩法：这是一个配对游戏，父母把家里的各种空塑料瓶的瓶身和瓶盖放成两堆，让宝宝来配对，给瓶子"戴上合适的帽子"。注意，瓶盖的大小要区分明显。

游戏解读：这个游戏可以让宝宝在动手操作中加强观察的注意度，同时还能锻炼手部的肌肉。

2. 传话

游戏玩法：让宝宝当一个小小传话员。比如，让他对爸爸说："妈妈说，报纸在书桌上。"让他对妈妈说："爸爸说，知道了，谢谢！"在游戏中要让宝宝觉得他在父母的沟通中不可缺少，因而很自豪，激发起他对游戏的高度关注。传话的内容从简单到稍复杂，从单句到两三句。注意，如果宝宝在游戏过程中更改了词语，但意义表达准确也算是完成了目标。

游戏解读：这个游戏可以提高宝宝的听觉注意力，同时对记忆力和语言能力也是很好的锻炼。

3. 拼图

游戏玩法：让宝宝玩拼图，从最初的两三块起，逐渐增加拼图的块数。拼图要选宝宝熟悉的、喜欢的图形，比如，小动物、卡通图形等，让他完成后有惊喜、亲切的情感收获。如果宝宝入门有些困难，可以让他对照着完整图形进行拼搭，指导他注意图块拼接处的特点。

游戏解读：拼图游戏需要高度集中注意力。有些宝宝非常喜欢拼图游戏，有时甚至会非常痴迷于拼图游戏，他们能在相当长的一段时间里持续研究、拼搭。注意，拼图的难度要逐渐加大，要让宝宝保有一种成就感，才能保持他对拼图的热情。

4. 变魔术

游戏玩法：两只空碗倒扣在地上，把一样玩具放在其中一个碗下，让宝宝注意看妈妈移动交换的位置，最后猜一猜哪只碗下有东西。可以根据宝宝能力的增加来确定交换的次数。

游戏解读：这个游戏可以锻炼宝宝的视觉注意力。父母可以和宝宝交换角色，父母和宝宝都"猜"哪只碗下有东西，调动宝宝的记忆力、策略，并锻炼手眼协调的能力。

父母可以这样帮助宝宝适应

妈妈可以陪伴宝宝一起搭积木,通过观察了解宝宝的兴趣。

创设良好的环境,爸爸可以陪在宝宝身边一起静静地开启阅读模式。

选择一首宝宝喜欢的音乐,一起玩起来。通过愉快的游戏培养宝宝的注意力。

鼓励宝宝拿着小抹布擦自己的小饭桌,科学安排宝宝的时间,要适当放松。

来一场属于你们的亲子运动吧。宝宝对活动的目的理解越深,有意注意保持的时间越长。

妈妈可以在旁边慢慢地引导她如何系鞋带。这样可以培养宝宝的自制力,鼓励他们把每件事情做好。

第3章
宝宝的**记忆**

在妈妈肚子里听的故事，宝宝能记得吗？
宝宝怎么老撒谎，是不是学坏了？
3岁之前的记忆都去哪了？
宝宝记得快忘得快，记忆力出问题了吗？
怎么帮助宝宝提高记忆力？
您可能对宝宝的记忆问题有很多疑问。

本章将为您介绍宝宝记忆的特点和发展规律，哪些因素可能影响宝宝记忆力的发展，以及作为养育者怎么帮助宝宝记忆和增强记忆力。

要点提示

● 不要低估宝宝的记忆力，宝宝在妈妈肚子里时就开始有记忆力了。

● 宝宝的记忆力随着年龄的增长也在增加，四五岁就掌握记忆策略了。

● 宝宝自己的情绪和别人的情绪都会影响他的记忆效果，父母发脾气和训斥，宝宝在紧张、害怕、生气时往往记不住东西。

● 饮食、睡眠、知识经验、生活环境都会影响宝宝的记忆力，营造良好的环境尤其重要。

● 帮助宝宝在游戏中掌握记忆策略、提供丰富的形象刺激有助于宝宝记忆力的发展。

● 宝宝也许不是有意撒谎和吹牛，只是记忆力还在发展中，请给他们一些时间。

一、关于宝宝的记忆，您需要了解

1. 宝宝记忆的开端

宝宝什么时候开始有记忆，有不同的看法，以往认为记忆开始于出生之后的新生儿期。近些年的研究发现，宝宝的记忆早在胎儿期就开始了。研究者发现，宝宝至少在出生后好几天还记得出生前母亲给他们念过的故事。

宝宝最初记忆的发生源自于条件反射。在日常生活中我们会发现，妈妈的声音可以帮助哭闹的宝宝安静下来。母乳喂养的宝宝会记住妈妈的味道，即便一个星期后，也能通过体味认出自己的母亲。当把宝宝横抱在胸前时，他们就要找奶吃。妈妈一提宝宝的双腿，他们就知道要换尿布，停止了哭声，好像他们知道换好尿布就会有奶吃。可见，这些姿势与吃奶所建立的联系形成条件反射，逐渐发展成对运动的记忆和对姿势的记忆。

2. 宝宝自身的哪些因素会影响记忆

● 生理因素：一般来说，低年龄的宝宝受到大脑发育的限制，很难进行复杂的认知加工任务。随着宝宝神经系统的发育越成熟，大脑所能容纳的信息也越多，所表现出来的记忆能力也越强。脑的记忆中枢受损会影响宝宝的记忆力。长期感冒流鼻涕、患鼻炎会影响大脑供氧，也可能损害宝宝的记忆力。

● 情绪：记忆与人的情绪状态密切相关。研究发现，如果对记忆材料感兴趣，记忆效果就好；如果对记忆材料不感兴趣，或情绪低落、感到压抑，记忆效果就不理想。

● 记忆策略：记忆策略是指有意识地运用一些方法来提高记忆能力。年幼的宝宝只掌握了初步的记忆策略，比如，分类策略和复述。经过训练，宝宝们也能够使用联想策略来帮助记忆。会使用记忆策略的宝宝也表现出更好的记忆力。

3. 影响宝宝记忆的其他因素

● 饮食：研究表明长期的高糖饮食会降低大脑学习与记忆的能力，血糖水平高的人记忆力测试得分低。父母要注意均衡宝宝的饮食，避免给宝宝吃太多的甜食。

● 睡眠：睡觉时，大脑并没有"休息"，而是在加工和储存新近接收的信息。睡眠有帮助保持记忆的作用，宝宝对在睡前学习的内容往往记得较好。对于宝宝来说，几乎每件事物都是新的，他们需要处理的信息量比成人要大得多。如果宝宝不能按规律作息，或者睡眠质量差，都会影响到他们的记忆。

● 环境因素：高分贝噪音能够对短期及长期记忆能力产生不良的影响。在嘈杂的环境中，宝宝很难集中注意力，进而影响大脑对信息的存储和加工。许多父母习惯于一边照看宝宝一边看电视，尽管宝宝并没有看，但这种"二手电视"仍然会影响宝宝的专注力和记忆效果。

● 知识经验：与原有知识和信息相关联的东西更容易被记住。如果宝宝的生活环境比较单调，知识经验少，比如，父母很少带宝宝接触和认识新事物，宝宝获得的知识和经验都很有限，对于他们记忆的发展也是不利的。

二、关于宝宝记忆的发展，您需要了解

1. 0~1岁

● 0~6个月：6个月前宝宝的记忆主要是再认，也就是曾经接触过的事物再出现的时候，还能认得。新生的宝宝就会模仿其他人的面部表情，比如，妈妈吐舌头，他也会这么做。1个月的宝宝会长时间注视一件从没有见过的物品，对于已经认识的物品很快就转开了视线，并且可以分辨熟悉的面孔。3个月的宝宝已经能认出母亲，开始记住这个带给他温情和欢乐的面孔了。5个月的时候，宝宝能够记住抽象的图案或者照片上的人脸长达两周。6个月的宝宝虽然记不住具体的细节，但对一些熟悉的地点和人可以再认。比如，带他去注射过疫苗的医院时，在去医院的路上或看到医生就开始生气哭闹。

● 7~12个月：宝宝6个月以后开始出现有意识的记忆。8个月左右，宝宝可以更好地进行回忆，也就是说即使当这个人和物不在他眼前时他也能想起他们来。宝宝记忆保持的时间进一步增加，10个月时宝宝的记忆有时可以维持将近2个月。

2. 1岁以后

1岁以后，宝宝逐渐掌握词汇和母语的基本语法，能与人进行简单的言语交流，宝宝记忆发展的主要内容也提升到以记忆形象和记忆词语为主导的水平。

● 1~2岁：宝宝有意识的记忆在1~2岁之间得到显著发展，记忆时间也进一步加长。1岁左右的宝宝能够回忆起一件特

别的事物以及细节。1岁半的宝宝开始有意识地记住一些事物，记忆维持可达4个月，20个月的宝宝有时甚至可以记住长达一年的事。

● 2~3岁：大约到2岁时，宝宝就能回忆自己去过哪里，自己的玩具丢在哪儿。但这时回忆的主要是几周到几个月内的事物。3岁左右，宝宝开始表现出一些记忆策略或方法，可以使用一些外部工具作为提示的线索，来帮助自己提高记忆效果，可以记住更多的东西。

● 4~5岁：这时宝宝可以记住的内容更多、更长，记忆力发展迅速，并且越来越多地表现出记忆策略的使用。如分类策略，即将记忆内容组织成不同类别来记忆。大约十分之一的4岁宝宝，能够借助复述的方法来记忆。这期间视觉刺激，如图片往往有助于宝宝的记忆。

宝宝的记忆发展大致会经历上面的过程，不过每个宝宝都有自己独特的发展节奏，有时候可能与这些总体规律不完全一致。

三、促进宝宝的记忆力发展，您可以这样做

1. 在生活中促进宝宝的记忆

注重与宝宝的交流

良好的亲子关系是宝宝发展学习和记忆能力的基石。虽然年龄小的宝宝还不会说话，但是他们能听懂父母的话，理解一些简单的身体动作。父母可以一边照顾宝宝一边告诉他你正在做什么。对于稍大一些的宝宝，还可以用肢体语言和他们交流。这些

重复的信息刺激有助于帮助宝宝发展记忆力。在生活中也可鼓励宝宝记忆自己的经历，如在宝宝有兴趣的时候让他向其他家庭成员描述在公园里看到了哪些东西。

丰富环境，利用形象加深记忆

宝宝容易记住形象和具体的事物，可以通过图片、声音等帮助宝宝进行记忆。如通过展示风筝的图片或照片，帮助宝宝把图形的信息和名词概念联系起来，在现实生活中看到风筝时指给宝宝看，带着宝宝一起放风筝，等等。

让宝宝保持愉快的情绪

前面提到，宝宝心情愉快、对识记的内容感兴趣时，记忆效果就会比较好；反之，如果对内容不感兴趣，或情绪低落、烦躁时就可能很难记住。因此一方面在宝宝情绪不好时最好避免强迫宝宝识记和背诵，尤其是在宝宝记不住时，父母急躁的表现不但不能提高宝宝的记忆效果，反而会引起宝宝恐惧、不安、焦虑的情绪，从而进一步加大记忆的难度；另一方面可从宝宝的兴趣点入手，将识记的内容和宝宝的兴趣联系起来。

积极引导和鼓励宝宝使用记忆策略

如果发现宝宝开始运用记忆策略，要顺势引导，鼓励宝宝巩固这些策略。比如，自言自语的复述，帮助宝宝将抽象的概念和具体的形象联系起来（如数字2形状像一只小鸭子），记忆比较难记的材料时，将内容进行一些转化来辅助宝宝记忆（如把一个电话号码编成一句口诀），或通过联想或身体动作的配合强化记忆。在宝宝学习新知识的时候，父母可以有意识地引导宝宝把新知识与已有知识联系起来，并且辨别新旧概念之间的联系和区别。

2. 重视游戏的作用

在培养宝宝记忆力的过程中，借助游戏来对大脑进行多方面的刺激，如颜色、声音、动作，甚至气味、情境（故事）等，能够帮助宝宝记得更牢固。

对于比较小的宝宝，可以和他们做一些藏东西的游戏。这类游戏不仅可以锻炼宝宝的记忆力，也能发展宝宝的好奇心。

对于稍大的宝宝，父母可以引导他们使用记忆线索。比如，玩具的颜色、刚才的位置等，在游戏中教会宝宝一些简单的记忆策略。还可以跟宝宝一起学习玩具的玩法。如果宝宝不能很快学会，父母千万不要着急，要给宝宝一点时间，慢慢来。可以在一定时间内多教几次，比如，一天教5次，每次10分钟，这比一天只教1次，1次教1个小时效果要更好。

对于进入识字阶段的宝宝，在教字词的时候，要让宝宝对它所代表的实物或行为有充分的直观感受。能看的，让他看一看；能指的，让他指一指；能找的，让他找一找；能摸的，让他摸一摸；能吃的，让他吃一吃；能玩的，让他玩一玩；能表演的，让他表演一下。

3. 规律作息，保证睡眠质量

帮助宝宝建立饮食起居规律，有助于发展他们的记忆力。

通常每个宝宝都有自己的睡眠规律。如果爸爸妈妈发现宝宝睡觉规律的苗头，要把握机会，帮助宝宝形成规律的睡眠习惯。父母要学会观察宝宝疲倦的信号，一旦发现宝宝发出这些信号，比如，揉眼睛、拉耳朵，就应当停止游戏，帮助宝宝尽快入睡。父母要根据宝宝的睡眠规律，固定晚上睡觉时间，白天也尽量在固定的时间小睡，并让宝宝在固定的地方睡觉。这样宝宝到固定的时间、进入固定的环境就容易入睡。

另外，要鼓励宝宝独立入睡，这样当宝宝半夜醒来时，能够不依赖父母的帮助而重新入睡。当宝宝半夜醒来时，不一定要马上哄睡，要观察一下情况，如果宝宝动一动、哭一两声，这是正常现象，不需要抱起或弄醒宝宝。如果宝宝可以自己睡着，就不要用摇晃或吃奶的方式哄他睡觉，让宝宝形成自己入睡的习惯。

还有，由于宝宝的神经系统尚未发育完善，如果过度兴奋或者疲倦都很难安静下来，因而哭闹不止，难以入睡。因此要避免宝宝白天太累，在宝宝睡觉以前，要避免过度兴奋的游戏。

四、关于宝宝的记忆，您的困惑和需要注意的问题

1. 宝宝怎么老撒谎，是不是学坏了

常常有父母忧虑自己的宝宝"小小年纪竟然撒谎""喜欢吹牛"等，为了"让宝宝从小养成好习惯"而严加管教。其实，很多情况下，三四岁的宝宝可能并非有意"编造谎言"，只是把幻想、愿望与现实混合在一起，把想象的事情当成是真实的。比如，其实没去过游乐园，却绘声绘色地告诉别人他上星期在游乐园坐旋转木马，或把听到的当成是看到的，把发生在地点A的事情当成发生在地点B的，有时还会混淆他们自己的经历和其他人的经历。这种"谎话"与品德没有关系，往往反映着宝宝的内心愿望和需要。父

母可进行适当的引导。比如，可以这样说："宝宝是不是很想去游乐园坐旋转木马呀？我们上个星期没时间没有去，对吧？"

值得注意的是，宝宝极少虚构关于虐待的记忆。有研究表明，在涉及虐待事件的调查中，如果成人没有使用暗示性的提问，即使年龄很小的儿童也能够提供高度准确的记忆报告。因此，父母或看护者要谨慎对待宝宝提到的创伤性事件，一旦宝宝说起这方面的经历一定要引起高度重视。

2. 宝宝老记不住，是记忆力出问题了吗

有时父母教给宝宝一些口诀、诗歌或其他，宝宝似乎总是记不住，甚至重复很多遍也不行；有时好像记住了，过一段时间就全忘了；或是有些宝宝自己经历的事过几个星期或几个月就完全记不起来了。父母疑惑是不是自家的宝宝记忆力有问题？

其实，遗忘是记忆中非常常见的现象，不同年龄段的人都会面临遗忘的问题。研究表明和成年人相比，宝宝遗忘通常更快些，这和他们的脑部发育尚未成熟有关。

此外，还有可能是情绪对记忆造成的影响。宝宝情绪好，对记忆内容感兴趣，记忆效果就好；相反，如果宝宝正在闹情绪，或对记忆的内容不感兴趣、厌烦，则会大大降低记忆的效率和效果。这时候如果父母急躁，催促宝宝，甚至向宝宝发脾气或训斥、嘲讽等，会进一步加大宝宝的心理压力，使他更记不住。因此，父母要尽量激发宝宝的兴趣和积极性，愉快的学习可能记忆的效果更好。

宝宝的记忆以形象记忆为主，如能把握宝宝记忆的这个特

点，多提供图画、声音等具体材料辅助记忆，也有助于宝宝的记忆。

3. 该不该让宝宝接受专门的记忆力训练

记忆是基本的心理过程，也是正常学习生活的基本要素。过目不忘的本领让人十分羡慕，能在短时间内记忆大量信息的宝宝被赞为神童，因此有些父母会送宝宝去参加"记忆训练"课程，希望借此提高宝宝的记忆力。实际上，记忆术只是一种记忆技巧和方法，目前的记忆术更多是以表演为主，效果有时是过分夸大的。记忆术的实质是将抽象的内容视觉化，甚至感官化，让这些信息尽可能从更多的记忆通道进入大脑。这样锻炼出来的记忆能力虽然神奇，可是已经剥离了信息本身的含义，变成了记忆而记忆。而在日常生活中，人们很少需要处理大量的无意义的抽象内容。比起单纯的记忆，更重要的是对信息的提炼和逻辑推理能力。

一般来说，发育正常的宝宝，记忆力都不会太差，除非身体状况不好或睡眠不好。如果父母发现宝宝的记忆力下降，可以先帮助宝宝调整好身体，记忆力可能也会得到改善的。一般而言，如果宝宝无法很好地集中注意力，记忆的效果也会受影响，因此如果宝宝长期存在注意力不集中的问题，父母应该重视，可寻求专业帮助。

如果宝宝本身对记忆力训练有兴趣，且有时间和精力，记忆训练也可作为一种学习活动。但如果宝宝本身没有兴趣，甚至感到是一种负担，建议父母还是尊重宝宝的感受，因为强迫他去训练，往往效果并不好。

4. 宝宝必须背唐诗吗

有些宝宝早在幼儿园阶段就能背下《唐诗三百首》中的诗。有父母很担心，那么小的宝宝能理解吗？不理解而进行背诵有用吗？也有父母认为，宝宝根本不可能真正理解唐诗的含义，让那么小的宝宝死记硬背很不可取，培养宝宝记忆力一定要在理解的基础上。那么宝宝需不需要很小就开始背书呢？

记忆可分为机械记忆和理解记忆两种。机械记忆是对记忆内容并不理解，单靠反复背诵达到记忆，类似死记硬背。理解记忆是在了解内容的内部规律和联系的基础上进行的记忆，也叫意义记忆，比如，在背诗时，父母向宝宝解释诗歌的意思、所描述的景象、所表达的感情等。

这两种记忆和宝宝的发展阶段也有关：低年龄的宝宝主要以机械记忆为主，他们记东西就像是海绵吸水，是全盘接收式的记忆，越小的宝宝越是这样。由于他们经验少，对很多事物缺乏理解能力，也不能主动运用方法或技巧帮助记忆，所以这个阶段他们所获得的许多知识都是通过机械记忆完成的。4岁以后，宝宝开始能够理解有关的内容，逐渐开始对记忆材料进行加工，比如，在复述故事时，不再逐字逐句地死背，而是进行或多或少的逻辑加工，有时会用自己熟悉的词来代替较生疏的词。

宝宝阶段是大脑迅速发育的阶段，需要让大脑处于适宜的活跃状态。机械记忆是一种很好的锻炼大脑的形式，它能够激发大脑的容量，对宝宝的发展有一定积极作用。但随着年龄的增长，父母有意识地帮助宝宝进行理解记忆，有助于宝宝记忆力的进一步发展。比如，在背诗时向宝宝解释其中字、词的意思，同时利用具体的形象辅助宝宝记忆。

不论是哪种记忆，尊重宝宝的感受是更重要的。特别是死记硬背性的机械记忆，如强迫宝宝，不但不利于宝宝记忆，反而会引发宝宝的逆反，造成相反的效果。

五、促进宝宝记忆发展的游戏

1. 缺了什么

游戏玩法：把3件熟悉的东西放在桌子上，让宝宝看好记住，然后闭上眼睛。妈妈拿走其中的一件，然后问宝宝缺少了哪一件。

游戏解读：这个游戏可以调动宝宝的注意力和记忆力。根据宝宝的能力，妈妈可以增加游戏中东西的数量（最多增加到9个），而且可以通过游戏了解宝宝的记忆容量。

2. 惊喜蛋

游戏玩法：准备至少4只以上的惊喜蛋外壳（外表相同的不透明瓶子），以及沙子、小石头、珠子、玉米粒等。将惊喜蛋两两分组，同组的蛋内填入同种材料，然后将所有惊喜放在一个鞋盒里。让宝宝通过摇晃惊喜蛋判断哪两个是一对。

游戏解读：这个游戏可以调动宝宝的感知觉，对提高宝宝的记忆力很有帮助。根据宝宝的能力，妈妈可以增加惊喜蛋的数量。

父母可以这样帮助宝宝适应

妈妈可以带着宝宝在超市的不同区域里面，认识水果，并数一数。

妈妈给宝宝看看放风筝的照片，并给她讲解上次放风筝的场景。

宝宝和妈妈一边看卡片，一边玩模仿兔子的游戏，在游戏中让宝宝增强记忆。

妈妈和宝宝一起画小鸭子，在绘画与玩耍中学习数字"2"。

对于比较小的宝宝，可以和他们做一些藏东西的游戏。这类游戏不仅可以锻炼宝宝的记忆力，还能激发宝宝的好奇心。

对于宝宝来说，规律睡眠是保证其高质量玩耍、认知、记忆的前提。

第4章
宝宝的思维

宝宝的想法为什么这么奇怪？
如何回答宝宝的"为什么"？
该不该让宝宝学识字和珠心算？
您可能正在为这些问题所困扰。

本章将为您介绍宝宝思维的特点和发展规律、什么因素可能影响宝宝思维的发展，以及作为养育者怎么培养宝宝的思维能力。

要点提示

● 0~2岁宝宝的思维活动离不开他自己对物体的感知和动作。

● 2~8岁宝宝更多地用记忆中的形象、词语或者其他物体来代替或表征不在眼前的东西，思维逐渐摆脱了对感知觉和动作的依赖。

● 游戏和轻松的环境能促进宝宝思维能力的发展。

● 父母可以抓住宝宝认知发展的敏感期，为思维的发展提供适宜的刺激。

一、关于宝宝的思维，您需要了解

1. 宝宝很早就有思维活动

科学家发现，3个月大的宝宝已经可以对事物进行分类。如成人左手和右手各拿一张狗的图片同时给宝宝看，一段时间之后，宝宝开始对这些图片失去兴趣；接下来成人左手拿着狗的图片、右手拿着猫的图片，同时呈现给宝宝，他们会感到惊奇，会长时间地注视猫的图片。

在宝宝期，宝宝已经展现了各种各样的思维能力。比如，形成概念和分类、计数和算术、推理、问题解决，以及发现和创造新事物，等等。虽然有些思维还比较低级，或是和成人的思维不同，但从无到有、从低级到高级的发展是最可贵的，要尊重宝宝的思维。

2. 影响宝宝思维的因素

● 认知功能：思维过程取决于对具体信息和细节的把握。一个人所掌握的信息越丰富，他的思维能力也越强。因此，思维能力与观察力、注意力、记忆力等许多认知能力密切相关。

● 语言能力：到了2岁左右，语言开始为思维服务。在这个阶段，宝宝对词语的好奇心很强，喜欢问"这是什么"。语言与思维的早期结合最为典型的表现就是"自言自语"。有时候你会发现在游戏过程中宝宝常边说边做、自言自语。大约在3岁左右，自言自语现象逐渐消失，转变为一种内部言语活动，继续在思维过程中发挥作用。

● 生活情境：即使小宝宝，在解决那些运用具体、熟悉、日常语言所描述的问题时，通常能够成功。因此，对于宝宝来说，生活经验越丰富，掌握的信息越充分，相应的思维能力和解决问题的能力也越强。

二、关于宝宝的思维发展，您需要了解

宝宝的思维发展大致可以分为直觉行动思维阶段和前运算思维阶段。

1. 0~2岁

这个阶段宝宝的思维主要是直觉行动思维。它离不开宝宝对物体的感知和动作，宝宝的思维借助动作进行。所以，这个时候的宝宝缺乏行动的计划性和对结果的预见性，思维具有明显的狭隘性。

通过伸手和抓握等动作，宝宝开始注意到物体的空间关系，开始理解周围的世界以及目标和手段的关系，出现了对因果关系的初步理解，可以模仿不在眼前的事物，并表现出明显的目的性，等等。

2. 2~8岁

这个阶段，宝宝的思维被称为前运算思维。宝宝可以更多地用记忆中的形象、词语或者其他物体来代替或表征不在眼前的东西，思维逐渐摆脱了对感知觉和动作的依赖。涂鸦、绘画、玩假

装游戏（比如，把长积木当作电话、玩过家家等）就是这种思维特点的体现。

● 宝宝在6~8岁开始出现逻辑思维的萌芽，可以在他熟悉的生活经验范围内进行简单的逻辑推理。

● 宝宝能够同时注意到一个物体的几个属性，并开始明白这些属性之间的关系。比如，知道一个物体可以有重量和大小等几个属性，并且认识到这些属性是可分离的。

● 能够认识到别人的观点可能与自己的不同，开始可以站在他人的立场和角度考虑问题。

● 开始获得可逆性思维，使用一些逻辑原则。比如，这个年龄段的宝宝开始认识到，如果在一堆珠子中减去几个，然后增加相同数目的珠子，这堆珠子的总数保持不变。

三、促进宝宝的思维发展，您可以这样做

1. 创造有利于宝宝思维发展的环境

支持宝宝探索

在促进宝宝思维发展时，父母有以下两项重要的任务：

● 给宝宝提供独立探索世界的机会。

● 与宝宝互动，成为宝宝的榜样和指导者，帮助宝宝实现潜能。

父母可以使用新奇的素材和异想天开的方法，鼓励宝宝提出问题并且敢于冒险。

成人的参与和互动，尤其是支持和鼓励，对宝宝发展思维能

力和问题解决能力非常重要。如果成人在活动中采取保守、限制的态度，有可能让宝宝对自己没有信心，认为自己做不了什么。当宝宝向成人求助时，最有效的反馈是引导他们向另一个有能力或者有经验的宝宝学习。鼓励宝宝合作，特别是朋友间的合作，对于宝宝发展思维能力有独特的帮助。

给宝宝玩的时间

玩是宝宝的天性，也是他们最重要的活动。游戏不仅有助于宝宝身体发育，而且能促进思维能力的发展。父母把宝宝带到蓝天下、森林里、河流边，通过童话、幻想和游戏引导他们认识世界。每天都发现一点新东西，所走的每一步都将成为走向思维和语言的源泉。

在所有的游戏活动中，假装游戏和角色扮演游戏对提高儿童解决问题的能力，发展创造性思维有很大的帮助。宝宝在自创活动中的投入程度往往是最高，这些活动非常有利于提高宝宝问题解决能力和思维能力。

宝宝在游戏中反复尝试总结，逐渐形成了对概念以及对数的理解，发现事物的内在联系，这些能帮助他们建立自己的逻辑思维。宝宝在游戏中遇到困难，然后运用已有的经验去解决，这个过程锻炼了他们解决问题的能力。这些都能让宝宝的思维得到全面的锻炼与发展。

给宝宝宽松的环境和轻松愉快的气氛

思维与情感的联系十分紧密，特别是在问题解决及创造力等高级思维能力的表现上。稳定的情绪、坚定的决心和自信这些非智力因素，对成功的影响更大，而良好的亲子关系影响着宝宝非智力因素的表现。宝宝玩游戏的时候，亲人的参与很重要，父母的爱心和耐心能够很好地诱导宝宝投入游戏中，也能帮助他提高问题解决能力。

针对儿童创造性思维的研究表明，在压力和精神负担较大的情况下，儿童的思路更倾向于墨守成规；而宽松的环境和轻松愉快的气氛，更有利于宝宝的思维，特别是创造性思维的发展。

2. 把握敏感期

抓住宝宝感知觉发展的敏感期

感知觉是宝宝所有认知活动的开端，是记忆、思维等高级认知活动的基础。宝宝的感知能力发展得越充分，记忆储存的经验就越丰富，思维和想象发展的空间和潜力也就越大。出生后到1岁，是宝宝感知功能高速发展的时期。因此父母可以给宝宝提供丰富的视觉环境、语言环境和音乐环境，带他们玩各种动作游戏，抱他们去看不同的风景以开阔宝宝的视野，接触不同的人以促进宝宝对自己和别人的了解。

抓住宝宝语言能力发展的敏感期

语言是思维的重要工具，宝宝语言能力的发展直接影响思维的发展。0~2岁是宝宝语言发展的敏感期，培养宝宝的言语能力要注意以下两点：

● 从宝宝出生后就开始与他对话。

● 用规范的语言对话，保持句子的完整性，避免过度使用儿化词。

抓住宝宝计数能力发展的敏感期

2岁左右的宝宝开始表现出对认数、计数的巨大热情。在生活中,父母可以通过观察宝宝对数概念的理解、运用和反应的速度,来了解他计数能力的发展情况。

生活中有很多训练宝宝计数能力的方法:

● 利用生活的各种机会数数给宝宝听,比如,吃糖果时、上下楼梯时。

● 借助手指、积木等数数,增加宝宝对数字的感性认识。运用具体实例向宝宝演示加减法。

● 利用生动的形象帮助宝宝认识数字符号,如"1像铅笔能写字,2像小鸭水中游,3像耳朵听声音",等等。

3. 让宝宝在兴趣之上学学绘画或音乐

学习绘画或者音乐,能促进宝宝的观察力,培养宝宝的想象力。艺术学习过程包含了微妙精细的观察能力、形象的思维能力、高效的记忆力、创造的想象力,再加上手的协调运动和丰富的表达能力,这些都对宝宝的思维能力发展起到至关重要的作用。当然更为重要的是,艺术学习应当建立在宝宝有相应兴趣的基础上,逼着宝宝学习艺术肯定无法达到预期的效果。

四、关于宝宝的思维,您的困惑和需要注意的问题

1. 如何回答宝宝的"为什么"

随着年龄的增长和接触范围的扩大,宝宝会遇到很多他们不

能理解的事情和现象，他们似乎对任何事物都想知道究竟，变成了"十万个为什么"宝宝。

3岁以前的宝宝提的问题比较简单，比如，"这是什么""那是什么""做什么用的呀"。父母回答这类问题，语言要简洁、易于宝宝理解，扯得太远反而会使宝宝糊涂。如果可能，最好让宝宝仔细看看、摸摸，让他们接触这些自己感兴趣的东西，留下的印象更深刻。

大一些的宝宝更加喜欢刨根问底，不断追问"为什么"，这反映了他们已经开始探索事物内在的奥秘和事物之间的因果关系。很多父母都有体会，要想应付宝宝的"十万个为什么"，可不是那么容易。但对宝宝的任何提问，父母都应该积极给予回应。常识性问题要回答得明白、准确，道理和原则要用宝宝能理解的事例去解释，还要多引导宝宝自己思考、探究，训练他们观察事物的能力。对于自己实在无法回答的问题，可以启发宝宝从其他途径寻找答案。比如，和宝宝一起看书、上网寻找答案，或者让他询问别人，等等。但无论如何，切记不能嘲笑宝宝的问题，以免让宝宝丧失发问的意愿。

2. 一定要带宝宝去早教机构学习吗

现如今，越来越多的父母重视儿童的早期教育，社会上涌现出各种名目繁多的教育培训机构。"不要让宝宝输在起跑线上"的概念深入人心。很多父母望子成龙、望女成凤，一方面盲目崇拜培训机构的"专业性"；一方面也缺乏培养宝宝的信心，因而毫不怜惜金钱与时间，把宝宝的培养教育重任"外包"给这些培训机构。

事实上，大量心理学、教育学领域的研究表明，对宝宝早期发展更为重要的影响因素是与父母的关系和家庭氛围。即使不经过这些专业培训，只要家庭环境正常，每一对父母都能帮助宝宝获得相应的能力。盲目迷信专业培训，可能会降低父母对家庭教育的信心，挤占更为重要的亲子时间。教育是心灵之间的相互影响，最了解宝宝、对宝宝影响最大的是父母而不是专家。

较恰当的方法是加强父母自身的学习。父母掌握儿童发展的知识，更好地了解自己的宝宝，就能结合自己和宝宝的特点找到适合自己的家庭教育方法，陪伴宝宝成长。

3. 一定要让小宝宝识字吗

有的父母把识字能力等同于思维能力，早早教宝宝识字，认为有助于提高宝宝的思维能力。然而思维是建立在多种认知能力基础上的综合而复杂的功能，识字只反映某种认知功能已经发展到相应的阶段。

宝宝识字能力的发展与语言能力发展密切相关。随着宝宝语言能力的发展，词汇量和概念增加，这个过程是自然发生的。过早以应试教学的方法教宝宝识字，可能会干扰宝宝的自发联想，同时不规范的教育可能会对宝宝以后的学习产生不利影响。但是，如果宝宝自己表现出对汉字特别有兴趣，父母可以借助日常生活中的机会，因势利导地教他们识字。

比如，父母可以利用带宝宝坐车的机会，告诉宝宝路牌上的站名；也可以在带他去餐厅的时候，拿着带图的菜单给他讲：这是牛肉、这是鸡肉、这是花菜、这是芹菜，等等，不仅帮助宝宝识字，也让他有了更多的认知提升。

4. 学习珠心算好不好

珠心算是一种快速心算的方法，即通过训练，把双手拨动算盘的珠算动作，转化为大脑内部的形象来完成快速心算任务。这种训练曾风靡一时，有些训练机构大力宣传，强调学习珠心算越早越好，甚至鼓励四五岁的宝宝开始学习珠心算。那么学习珠心算，特别是宝宝这么小就学习，究竟好不好呢？

一方面珠心算训练有助于提高儿童的注意力、观察力和记忆力；另一方面，教育学家认为，珠心算的计算方法有别于学校教育中的计算方法，一些学过珠心算的学生在学校教育中会感到迷惑，很难在短时间中转换过来，使得在学校的学习更加吃力。此外，珠心算要求宝宝外静内动地进行训练，学习方式相对比较单一、被动，客观上减少了宝宝合作和交流的机会，不利于培养他独立思考、勇于创新、合作学习的精神。

五、促进宝宝思维发展的游戏

1. 找东西

游戏玩法：准备一些常见的物品，如背心、拖鞋、手套、围巾、水杯、碗、笔、纸、小板凳、玩具狗；还有一些食物，如香蕉、苹果等。跟宝宝一起认识这些物品的形状、质地、功能，让宝宝指一指：

- 这些东西是什么时候用的？哪些是冬天用的？哪些是夏天用的？哪些是吃饭用的？哪些是学习用的？
- 什么东西能坐人？
- 什么东西能吃？

游戏解读：这个游戏能培养宝宝的观察力、思维力。还可以延伸出其他类似的游戏，如"比大小""找不同""找形状"（找出家里或生活中的三角形、圆形、方形等）。

2. 水的用途

游戏玩法：准备一些与水有关的用具，如大水盆、小水杯、水碗、篮子、水车等。问宝宝在哪里见到过水呀？你见到的水是什么样子的？水有哪些用途？启发宝宝描述自己见到水的情形，宝宝列出的用途越多越好。还可以让宝宝体会和思考：

- 水的沉浮：把各种玩具放在水里，看有什么不同现象？
- 水的流动：为什么小篮子装不住水？
- 水的冲力：水倒在水车上，水车为什么转了？

游戏解读：这个游戏能培养宝宝的发散思维能力。还可以延伸出其他类似的游戏，如"手的用途""车的用途"等。

第 4 章　宝宝的思维

父母可以这样帮助宝宝适应

玩是宝宝的天性。

妈妈可以和宝宝一起玩扮演的游戏，这也是宝宝锻炼思维的好时机。

在游戏中亲人的参与，父母的爱心和耐心能够很好地诱导宝宝投入游戏中。

父母带他们欣赏不同类型的音乐，感知不同节奏带来的情绪和思维的变化。

利用上下楼梯时的机会数数给宝宝听，训练宝宝计数能力。

艺术学习的过程可以有效促进宝宝的思维能力。

第5章
宝宝的语言

宝宝发出的声音，是世界上最美妙的声音。从呱呱坠地的哭声，到咿咿呀呀地自言自语，到第一次清晰地叫出"爸爸""妈妈"，再到停不住嘴的"小话痨"，在宝宝语言发展的道路上，有许多令父母们难以忘怀的时光，也有不少让人担心的问题：

怎么听懂宝宝的哭声？

宝宝1岁半了还不会说话，是不是有问题？

宝宝说话吞吞吐吐，会不会口吃了？

……

本章除了为您解答上述问题，还将讲述宝宝语言发展的基本特点和规律，以及促进宝宝语言发展的技巧和方法。

要点提示

● 0~6岁是儿童语言发展的敏感期,其中0~3岁尤为重要。

● 生活在信息丰富的环境中,与成人语言交流较多的宝宝,语言发展速度较快。

● 快乐的氛围和父母及时的鼓励,会让宝宝觉得学习语言很快乐,学习起来也更有兴趣,收获和进步自然也会更多。反之,强迫练习、周围人的批评与嘲笑等造成的不安情绪,都可能限制宝宝语言能力的发展。

● 宝宝的语言发展会受到环境、情绪和认知等多种因素的影响。不同的宝宝,语言发展的快慢节奏可能会各不相同,父母们不必担忧。

一、关于宝宝语言的发展，您需要了解

虽然世界各民族的语言千差万别，但宝宝最初的语言发展，都遵循着基本一致的规律。

1. 0~1岁

1~2个月：开始倾听

2个月大的宝宝已经能够开始倾听，会被各种不同的声音吸引注意力。宝宝甚至还能分辨出表示不同感情的声音。

3~4个月：开始发出声音

宝宝开始不满足于聆听，而是会尝试着发出一些简单的音节，并且喜欢咿咿呀呀地不断重复着"ma""ga"等单音节字。

5~6个月：开始回应声音

当呼喊宝宝的名字时，他们逐渐会明白您是在跟他说话。当有人跟他说话时，宝宝会努力发出声音来回应。

7~8个月：进入模仿语言阶段

宝宝进入了语言发展过程中重要且不可缺少的模仿语言阶段。无论是父母和家人的谈话声还是外界的其他声音，小家伙都会"洗耳恭听"，并努力地模仿。

9~10个月：练习掌控语音变化

宝宝的"咿咿呀呀"已经开始逐渐包含隐隐约约的语调，还学会了根据不同的对象，来调整自己发音的音高。

11~12个月：理解和表达能力提高

宝宝的理解能力有了快速的发展，当听到妈妈说"过来"，宝宝就会兴冲冲地向前爬。

2. 1~2岁

13~18个月：开口说出第一批词汇

宝宝不仅能开口叫"妈妈""爸爸"，还能学会使用一些其他日常生活中经常接触到的词汇。宝宝能听懂的东西越来越多，会说的词也越来越多，也更乐于用语言来表达自己的需要和感受。宝宝对各种事物的语言表达也展现出浓厚的兴趣，勤奋地学习新词和与之相关的信息。

19~24个月：开始简单的对话

宝宝开始掌握组词的能力，懂得把两个词句连在一起使用。比如，"妈妈好""吃苹果""不喝水"等。这就预示他将可以进行简单的对话了，这是宝宝语言发展中的一大进步。这个过程中，不可避免地会出现语序不正确，句子不完整等现象。

3. 2~3岁

25~30个月：开始掌握越来越多、越来越复杂的概念

宝宝开始逐渐了解大小、数量、颜色、形状等各种概念。父母在与宝宝交流时，可以通过扩展话题、增加信息等方法，扩充宝宝对各种概念的理解。比如，当宝宝说"小狗大"时，您可以说："对啊，它比奶奶家的小狗还大。奶奶家的狗是条小狗。"

31~36个月：喜欢交流，社会化言语发展

宝宝会经常问"这是什么""怎么了""在哪里""为什么"这样的问题。父母要用宝宝能够理解的方式，认真而又热情地回答他们。您也可以试着问宝宝一些问题，让宝宝来回答。宝宝说出的句子越来越完整，开始能较为准确地用"你""我""他"等人称代词。有时他们还会在说话的中间停顿下来，纠正自己的句法错误，甚至还会去纠正他人说话中的错误。

4. 3~6岁

37~48个月：伶牙俐齿阶段

这个时候的宝宝特别爱说话，甚至可以说是伶牙俐齿。一个人玩的时候也会自言自语地边说边玩，跟小朋友或成人在一起时，话就更多。他们乐意回答别人的问题和主动讲述自己生活中的事情，但仍然会有发音不准的情况，尤其是发zh、ch、sh、z、c、s这些音时。

49~72个月：变成"小话痨"

四五岁以后，宝宝很喜欢交谈，谈话内容很丰富，通常都是嘴巴闭不上的"小话痨"。他们喜欢在讲话过程中配合肢体动作，还会经常模仿成人的语气讲话，并且有明显的语法意识，会逐步发现别人说话中的不符合语言习惯的错误。

二、促进宝宝的语言发展，您可以这么做

在儿童早期的任何阶段，父母都是宝宝语言学习最好的老师。

1. 宝宝会说话前的语言能力培养要点

● 新生儿对母亲的声音很着迷，妈妈每天要特别抽出时间和宝宝对话，充满感情地看着宝宝，用轻松愉快的语调，配合生动的表情与宝宝聊天。

● 多给宝宝讲故事、看图书、听广播等，当然要选择适合宝宝年龄的材料。经常重复相同的词语、语句、歌曲或者童谣，一遍一遍念给宝宝听，宝宝一般不会觉得厌烦。

● 在宝宝还不能很好地表达自己的时候，多注意宝宝的手势，努力去理解宝宝所要表达的意思，然后再把宝宝想要表达的意思说给他听。如宝宝用手指了指水杯，父母可以说："宝宝想要喝水了。"

● 给宝宝自己练习的时间和机会，当宝宝们在咿咿呀呀自言自语时，尽量不要突然打断他们。

2. 宝宝开始说话后的语言能力培养要点

● 在宝宝开始说话以后，他们非常喜欢看成人的嘴形，无论是在和宝宝做游戏还是喂宝宝吃饭，或和宝宝聊天时，要让宝宝既可以听见您的声音，还可以观察到您嘴部的动作。

● 帮助宝宝在事物和语音之间建立更多的联系，主动告诉宝宝他感兴趣的物品和人的名字，哪怕他还不能理解您说的意思，让语言学习变得轻松有趣。比如，为宝宝洗澡的时候，可以让他学习了解自己身体的各个部位。

● 及时发现并表扬宝宝说话中的细微进步，用扩充宝宝的短语、模仿宝宝正确表达的词组等方式鼓励宝宝，如宝宝说：

"宝宝吃。"父母可以说："对，宝宝想要吃饭了。"

● 宝宝在学习语言的过程中，必然会出现很多发音或词语使用错误。有时宝宝会用不正确的发音来说某个词，会有几天经常使用某个词语，但很快又遗忘，这些都是词汇学习过程中的一些暂时现象，不要急于纠正宝宝，而是要通过不断地重复正确发音和用法来引导他们继续尝试。

● 为宝宝提供与同伴一起交流和活动的机会，让宝宝在正常的交往中学习运用语言。

● 在宝宝3岁以后，父母可以经常和宝宝讨论某一话题。

● 和宝宝玩过家家等角色扮演游戏，既让宝宝学习体会别人的角色，又使宝宝在有趣的游戏中提高语言表达能力。

● 父母和家人在日常生活中要尽力规范自己的发音，注意措辞，使用规范的语言。

三、关于宝宝的语言发展，您的困惑和需要注意的问题

1. 怎么从宝宝的哭声中听出他表达的意思

在最初的一段时间里，哭是宝宝最重要的交流手段。哭泣是正常发育过程中一种自然的、健康的标志。在生命最初的3个月里，宝宝的哭声最多。

不同的哭声代表什么

宝宝用各种不同的哭声向父母表达自己的感受和需要。

● 停顿较短的哭声，可能表明宝宝觉得疼。

- 有节奏的哭声，可能是宝宝在传递着某种重要的信息。比如，肚子饿了、尿布湿了、疲倦了想睡又睡不着、太冷了、太热了等。
- 哭声比一般时候更响亮可能是因为宝宝的需求无法满足，他们用响亮的哭声表示自己的"愤怒"和"不满"。
- 需要父母帮助时，宝宝会发出有特殊节奏的哭声。

宝宝哭了，父母怎么办

在大多数情况下，抱起宝宝，给他喂奶、换尿布，或者是陪他玩耍，让宝宝觉得舒服，通常很快就能让宝宝不再哭泣。如果爸爸妈妈做了这些事情之后，宝宝还是哭闹不停，可以尝试改变一下安慰宝宝的方式：

- 给宝宝做一个轻柔的按摩，洗个温水澡，放点儿轻柔的音乐，给宝宝一个安静的环境。
- 轻轻地跟宝宝交谈、唱歌，对宝宝微笑。
- 用柔软的被子紧紧地裹着宝宝，让宝宝贴近胸口，听着妈妈的心跳，这样宝宝就会感觉到温暖和安全。
- 有时候，无论您用什么方法，都很难让宝宝平静下来，那么您可以给宝宝一些时间，让他独处一小会儿，千万不要迁怒于宝宝，因为您这种糟糕的情绪同样会影响宝宝，您的耐心和爱心对宝宝是最重要的安慰。
- 需要注意的是，在安慰哭闹的宝宝的时候，千万不要晃动他。宝宝颈部的肌肉尚未发育完全，头骨较薄，脑部也比较软。当您摇晃宝宝时，他的脑部会反复地撞击头骨壁，有可能会撞伤脑部，造成危险。

在这样的情感传递中，宝宝最初的信任感开始建立。如果宝宝在与父母的交往中，获得的是温暖、关爱和健康，那么宝宝就会获得安全感和信任感，对宝宝的个性发展和人际交往很有帮助。

2. 宝宝1岁半了还不会说话，是不是有问题

一般来说，宝宝会在1岁左右开始说话，稍迟一些也属正常现象，但如果出现以下情况，可能就要考虑宝宝是不是存在言语发育迟缓的情况。

● 18个月了仍不会说像"爸""妈""车""抱"等这样单个的字。

● 或者30个月仍不会说单个的词语或短语。

● 一年里只能掌握四五个词，且需要很大的努力。

判断一个宝宝是否存在语言发展迟缓，必须结合其生理年龄，并进行详细的检查与评估。对于学龄前的宝宝，即使存在一些语言迟缓的症状，父母也不要盲目地认定，最好带宝宝去专门机构进行检查。通常，语言发展迟缓会伴随精神和身体上的多种发育障碍，需要在专家的指导下及时地进行干预治疗。

3. 宝宝说话吞吞吐吐，是不是口吃

有的宝宝可能会在某一段时间，说话不流利或者时常停顿，这一段时间可能长也可能短。研究表明：大部分出现这种情况的宝宝会在长大一些后自然恢复常态。所以，如果发现宝宝说话吞吞吐吐，父母不必过于紧张。

2岁左右的宝宝有时候急于表达自己的思想，但找不到恰当

的词，过度的激动和紧张，导致发音器官发生轻微的抽搐和痉挛，于是出现了发音的停滞和重复，如"拿、拿、拿、拿东西"等。多次的发音停滞和重复，将可能形成条件反射，以后遇到类似的说话情景或类似的语词时，可能发生同样的现象，造成口吃。另外，有调查显示，宝宝出于好奇对口吃的人的模仿也会引起或者加剧口吃现象，所以父母要教育宝宝不要模仿口吃，这也是教育宝宝对他人的尊重。

发现宝宝出现类似口吃的现象时，父母可以采取以下的方法来应对：

● 在平时与宝宝的交流中，耐心听宝宝将话说完整，然后用正确的语言和语序缓慢地重复宝宝的话，并询问是否想表达这个意思。通常来说，宝宝会很高兴你能听懂他的意思，更愿意重复正确的话语。

● 阅读也可以有效地帮助宝宝，选择适合宝宝年龄的书籍来共同阅读，给宝宝更多表达的机会，并鼓励宝宝把话说完整，随着词语量和语言表达练习的增加，宝宝的表达也会越来越流利。

● 如果宝宝的口吃现象较为严重，或长期没有好转，父母应该及时向专业机构和人员寻求帮助。

四、促进宝宝语言发展的亲子游戏

1. 扮鬼脸

游戏玩法：慢慢对着宝宝吐舌头、发出"啊啊咿咿"的声音，或鼓起腮帮子吹气、吹口哨，或挤眼、皱眉……在游戏的过程中，父母要注意观察宝宝的反应，调动宝宝的兴趣，让宝宝进行学习模仿。

游戏解读：这个游戏比较适合会说话前的宝宝，能够锻炼宝宝的口腔、舌头，从生理上为宝宝语言的发展做准备。

2. 给宝宝录音

游戏玩法：随时录下宝宝的声音。比如，第一声啼哭，宝宝咿咿呀呀的自言自语，快乐时的笑声，害怕时的哭声，或是宝宝唱的歌，讲的故事，等等，然后将录下的声音放给宝宝听。

游戏解读：让宝宝听到自己的声音，这是一种全新的感受，会让他更乐于发出各种声音。同时也能帮助宝宝发展听觉，这些对语言发展也非常关键。

3. 放大镜下的世界

游戏玩法：带上放大镜，带着宝宝，开始对世界的探索。将放大镜对着不同的物体。比如，花朵、叶子、树皮、泥土、沙子、石头、蚂蚁等，带着宝宝仔细观察，并鼓励他触摸，用视觉和触觉去感受，并帮助他们用合适的词语进行描述。

游戏解读：这个游戏抓住宝宝的好奇心，鼓励他们对周围世界进行探索，尽可能地感受丰富多彩的大自然，父母通过帮助宝宝描述所看到的一切，扩大他们的词汇量并提高语言表达能力。在丰富语言的同时，还可以培养他们使用科学小工具放大镜的小技能。

4. 神奇的盒子

游戏玩法：准备一个盒子，在里面放上一些玩具、包装好的食品，让宝宝摸，一边摸一边描述物品的外形和特征，最后猜出物品。比如，我摸到的东西是圆圆的、硬硬的，我猜是个苹果。

游戏解读：这个游戏可以丰富宝宝的词汇量，提高语言表达能力。在游戏前，先让宝宝看看、摸摸那些物品，让他们有一个初步的认识，避免给宝宝造成过大的挫败感。需要提醒父母，在放物品时，要避免尖锐的、会给宝宝带来安全隐患的物品。

延伸阅读　双语宝宝

在一些少数民族地区或跨国婚姻中，宝宝一出生就面临着双语甚至多语言的家庭环境，有时候宝宝会出现无论哪种语言都说得不太利索的现象。父母不禁担心：同时学习两种语言是否会让宝宝混淆，学习起来更加困难呢？

其实宝宝生来就能听取所有语言的声音，只是伴随着他们的成长，渐渐地专注于自己母语的语音，而逐渐失去了对那些没有听到的语音的识别能力。近期研究表明，学习两种（或更多种）语言，既不妨碍儿童的语言熟练程度，也不会延缓其智力发展。事实上，双语学习对认知发展有许多益处。

开始时，使用两种语言的宝宝，母语学习的速度比较慢，宝宝会把两种语言混着说，但随着时间推移就会把它们分开。到7岁时，宝宝可以比较轻松地运用两种"语言体系"。

父母可以这样帮助双语宝宝的语言发展：

● 重视在家中和宝宝用母语交流。当父母和宝宝用母语说话时，他们提供的基础语言规律也为宝宝学习第二语言打下坚实的基础。如果父母只和宝宝用非母语（尤其是一种他们自己都说得不流利的语言）说话，父母和宝宝间的交流可能会受影响。

● 当宝宝开始学说新语言时，可能会变得沉默，可能会混用两种语言，还会出现许多语法错误。这时要帮助宝宝建立自信，积极鼓励和指导宝宝使用新语言交流。

● 如果宝宝能从父母一方听到固定的某种语言，那么他学习两种语言就更容易。比如，妈妈总说英语，爸爸总说汉语。

● 父母要和宝宝经常交谈，帮助并鼓励宝宝大胆讲话。因为不管是哪一种语言，对于宝宝来说，最重要的是发展语言的理解能力及交流能力。

父母可以这样帮助宝宝适应

妈妈每天要特别抽出时间用轻松愉快的语调，配合生动的表情与宝宝聊天。

多给宝宝讲故事，经常重复相同的词语、语句、歌曲或者童谣。

在宝宝还不能很好地表达自己的时候，多注意宝宝的手势。

当宝宝们在咿咿呀呀自言自语时，尽量不要突然打断他们。

妈妈可以带上宝宝定期参加一些聚会，为宝宝提供与同伴一起交流和活动的机会，让宝宝在正常的交往中学习运用语言。

和宝宝玩"过家家"等角色扮演游戏，既让宝宝学习体会别人的角色，又使宝宝在有趣的游戏中提高语言表达能力。

第6章
理解宝宝的情绪

宝宝总是哭个没完,他们怎么了?
宝宝为什么一发脾气就大哭大闹,满地打滚?
宝宝很胆小,怕黑、怕生人,该怎么办?
宝宝怎么还不会控制自己的情绪?

或许您正在为这些问题而苦恼。本章将为您介绍,如何读懂宝宝的情绪,以及如何运用您自身的经验和智慧帮助宝宝理解、恰当表达和管理情绪。

要点提示

● 喜、怒、哀、惧，宝宝的每一种情绪都是一种信号，情绪本身没有好坏之分。

● 理解宝宝情绪出现的原因，才能正确处理。

● 不要指望3岁以前的宝宝能够自己控制情绪，父母需要教宝宝控制情绪的方法。

● 在很多时候，儿童可能"心有余而力不足"，他需要你的帮助。

● 情商需要培养，不可能天生具备。

● 恐吓、威胁、打骂，只会让宝宝更害怕，不会让他们学会控制情绪。

● 对于宝宝来说，重要的事情说3遍也不够。耐心和不断地重复必不可少。

● 身教胜过言传。

● 从宝宝出生开始，父亲的参与就非常重要。

一、关于宝宝的情绪，您需要了解

宝宝产生情绪的原因

宝宝哭是因为什么

宝宝很擅长用哭声表达自己的不舒服和需求。宝宝的哭泣，可能是因为：

● 痛苦。新生儿用哭泣告诉父母："我饿了！""我不舒服！""我有些不对劲！"在这个月龄，爸爸妈妈需要对宝宝的哭泣及时做出反应。在宝宝的情绪彻底失控之前，你需要尽快赶到宝宝的身边，去检查一下他的情况。

● 悲伤。没有得到妈妈的及时响应，或者看到妈妈对自己很严肃、冷着脸，2~6个月的小宝宝会很容易因为悲伤而哭泣。

● 恐惧。疼痛、巨大的声响都会让宝宝害怕。成年人对恐惧的记忆很牢固，宝宝也是如此。到了4~6个月，当过去经历过的恐惧事件再次发生的时候，宝宝会预先感到恐惧。比如，有些宝宝一进保健站，还没有打针就已经开始哭泣。

● 愤怒。出生2个月以后，限制宝宝的活动。比如，不让他玩某个玩具或啃手，不满足他的愿望。想要妈妈抱时被妈妈拒绝，强迫他做他不愿意做的事情等，这些都会让宝宝愤怒。愤怒让宝宝很难受，他会哭泣，而且他的脸可能会憋得很红。如果没有得到及时的抚慰，宝宝的痛苦会转变成愤怒。宝宝的愤怒反应在6个月以后逐渐变得强烈。愤怒有时候和挫折感有关。比如，尝试拿某个玩具而没有成功，搭积木失败，都容易引起愤怒。随着身体的发育，宝宝表达愤怒的方式也更多了，除了会被气得哇哇大哭外，他们还可能会扔东西、打人，等等。但在3岁之前，宝宝都还没有控制自己愤怒的能力。

对于3岁以后的宝宝，在他们感到内疚、羞耻、尴尬、妒忌时，都有可能会哭。

宝宝什么时候会笑

在感到满足、舒适的时候，在体验到成就感的时候，宝宝会展露愉悦的微笑。不同月龄的宝宝的微笑有不一样的含义。享受这些时刻，理解这些笑容，你就会明白怎么能让宝宝感到愉悦。

● 0~5周：尽量及时满足宝宝的需要。宝宝在吃奶的时候，或者当父亲轻柔地抱着他时，他会用微笑表达自己的快乐、满意和舒适。

● 6~19周：多陪伴宝宝，与宝宝进行眼神的交流，与宝宝聊天、玩耍，温柔地对待他、拥抱他、亲吻他。当宝宝微笑时，你可以用微笑回应他，或者继续做让宝宝开心的事情，那么他们快乐的情绪会得到巩固，而且这么做也会有利于亲子关系的培养。

● 3个月以后：如果前面的发展阶段都很顺利，宝宝的笑会越来越多，也越来越明显，他用微笑与父母进行情感交流。

● 6~7个月：宝宝会对他最亲密的人展露最开心的笑容。

注意：如果宝宝到了6个月，即使是对他最亲近的人也没有出现过笑容，那么需要引起注意，筛查是否存在自闭症或者其他心理发育障碍。

学步儿（7个月~3岁）害怕什么

在这个阶段，宝宝的认知能力有了很大的发展，恐惧的事物也会慢慢变多。害怕、恐惧都具有保护作用，能够让宝宝本能地远离危险。但这些恐惧也会给宝宝带来很大的痛苦,他们会被吓得大哭、颤抖,紧紧抱着你、哀求你。当宝宝恐惧时,父母需要耐心安抚。除了婴儿期的那些恐惧之外,学步儿还会害怕:

● 陌生人:6个月以后,宝宝能够区分熟人和陌生人。在具备了这种能力之后,宝宝会开始认生,并且特别害怕与最亲近的人分离,这种情况一般要持续到2岁以后。

● 宝宝认为危险的场景和东西:2岁以后,随着宝宝想象、推理能力的发展,他们开始对黑暗、独处、陌生动物、奇异的景物等产生恐惧。还有很多宝宝害怕噪音,还可能会害怕打雷、闪电等自然现象。

注意:如果你的宝宝什么都不害怕,完全没有危险意识,那反而是需要引起注意的。

二、关于宝宝情绪智力的发展,您需要了解

人们常常所说的情绪智力,包括情绪表达、情绪觉察和理解、情绪调节这3个方面。

1. 宝宝是如何表达情绪的

● 宝宝:直接地表达痛苦与愤怒,在伤心难过时大哭;不如意时大喊大叫、乱扔东西。对于6个月以前的宝宝而言,他们虽然做了这些事,但并不明白自己为什么这样。

● 幼儿:借助父母不断地耐心引导和帮助,到了3岁以后,宝宝才能渐渐理解自己内心正在体验的情绪,渐渐可以用语言说

出自己的感受，而不是用行动来表达。比如，说出"我很生气"而不是扔东西和打人。

2. 情绪理解能力的发展

● 读懂妈妈的情绪：虽然他们并不理解发生了什么，3个月的宝宝能靠直觉地感到妈妈是高兴、悲伤还是愤怒，而且能对妈妈的快乐表情做出积极回应，也会因为妈妈的愤怒或悲伤而情绪低落。为了宝宝，妈妈需要保持愉快的心情。

● 谈论情绪：2岁的儿童能正确辨别面部表情，能谈论和情绪有关的话题。

● 理解情绪产生的原因：3~7岁的儿童开始渐渐理解情绪是因为什么而产生的，在这个阶段的后期开始明白，对于同一个人或同一件事情可以有不同的感受。比如，对同一个人可能有时候喜欢，有时候讨厌。这种整合不同感受的能力，对于宝宝来说非常重要。

3. 情绪调节能力的发展

3个月

宝宝开始出现一些自发地调节情绪的行为，比如，吮吸手指。所以不要总是一味地限制宝宝吃手。

3~6个月

在遇到让自己不舒服的事情时，宝宝能主动转移自己的注意力。

2岁~学龄前儿童

宝宝掌握了更多的调节情绪的方法。比如，积极活动、寻求安慰、自我安慰和回避等。

最主要的情绪调节策略是替代活动，让宝宝越来越少地发泄和自我安慰。

● 自我安慰：比如，吮吸手指、前后摇晃、玩弄头发、衣角等。2岁以上的宝宝可能会说一些话来安慰自己。

● 发泄：哭闹、破坏、摔东西、用言语贬低对方、故意不理睬对方。

● 被动应付：不主动地采取任何积极的行动来解决所面临的问题，而是离开或回避引发消极情绪的情境。

● 寻找替代品：把注意力从引发挫折或消极情绪的情境中转移开来，投入其他活动之中。

● 解决问题：积极面对问题，通过自身的力量，采取一切可能的适应性行为和手段来摆脱困境。

● 调整想法：用积极的方式来看待挫折或其他消极事件，对消极情境进行重新思考或解释来降低情绪反应。这或许是学龄前儿童面对挫折时所能达到的最高级的应付形式。

三、促进宝宝情绪智力的发展，您可以这样做

即使不是儿童心理学专家，父母只要保持耐心和灵活性，用心理解宝宝的发展规律，多注意宝宝日常生活中的小情绪、小变化，及时地引导和帮助他们理解和接受自己的小情绪，也能培养出一个开朗、乐观的快乐宝宝。

1. 处理好自己的情绪

做一个好榜样

● 体验身为父母的快乐，相信自己有能力、有方法可以做足够好的父母。

● 你的情绪会感染宝宝，因此，尽量让自己有个好心情。

● 你并不仅是父母，还要有自己的生活，实现自己的价值。牺牲感会带来怨恨感。

● 允许和接纳自己的"负面情绪"：愤怒、悲伤、嫉妒、怨恨等。

● 注意对自己情绪的觉察和调节。

● 避免经常在宝宝面前暴发激烈的情绪。

减少不合理预期，避免观念误区

父母经常会出现各种过高的期望，这些念头会让父母更容易对自己和宝宝有不合理的要求，从而引发自身的情绪问题和亲子之间的冲突。看看自己有多少类似的想法：

● 我爸妈从小就这样养我的，我现在不挺好的嘛，我这样做也没什么不妥。

● 我父母对我太严厉了，所以我要完全按照宝宝的意愿来。

● 只有我懂得如何教育自己的宝宝，其他人的意见完全没有参考价值。

● 宝宝就是一张白纸，我想把他养成什么样都行。

● 我和他说了好几遍了，他应该明白了！

● 我觉得其他人的养育方法似乎都比我的好。

● 成功的养育方法就是让宝宝听我的话。

- 我所做的一切都是为了他好。
- 我打他完全是为了他好。
- 宝宝需要自己面对外面世界的挑战，挫折是一种礼物，我不会帮他太多。
- 我替他安排一切，是为了避免他受到伤害。
- 养宝宝是妈妈的责任，这事爸爸不应该插手。
- 我没时间陪宝宝，因为我要拼命工作赚钱，这样才能给他买更多的玩具和衣服。
- 养宝宝是我的天职，不需要也不应该找别人来帮忙。
- 如果我的宝宝做得不够好，那就是我的失职，是我为人父母的失败。
- 我应该为宝宝付出我的全部，把宝宝丢给其他人自己去休息，这是不负责任的父母！

2. 帮助宝宝调节情绪

帮助宝宝调节情绪的首要原则是接纳宝宝的情绪，做到这一点非常不容易。

当宝宝产生激烈情绪时，父母可以这样做：

- 允许宝宝适当地表达负面情绪，而不要立刻阻止。
- 不要试图用责骂或者威胁的方式，逼迫宝宝立即停止情绪的表达。
- 陪伴他，但不要急于安抚他。
- 告诉宝宝出现情绪是很正常的。比如，"事情不顺利的时候，人们都会感到很不开心，有时候会很生气。"

- 帮助宝宝用正确的词语来说明情绪感受。比如,"你现在很生气……""你现在很高兴……""你很难过……"
- 与宝宝共同讨论引发负面情绪的原因。比如,可以这样和宝宝说:"当……的时候,你很生气……"
- 告诉宝宝如何表达情绪是恰当的。比如,可以告诉宝宝:"生气的时候,你可以大声说,我真的很生气!但是你不可以打人和砸东西。""难过的时候,你可以哭,这很正常,没什么不好意思的。"
- 利用亲子阅读时间,与宝宝谈论书中人物的情绪状态、产生的原因和处理方法。
- 直接向宝宝传授处理愤怒、恐惧、悲伤、痛苦等负面情绪的方法。
- 教宝宝应对挑战和困境的方法。

在日常生活中,父母如果能注重与宝宝谈论情绪,就能有效地促进宝宝情绪智力的发展,提高他们情绪调节的能力。

帮助宝宝调节情绪,父母还可以这样做:

- 鼓励他,为他的每一次成功而感到喜悦和幸福,培养他的自豪感。自豪感可以帮助宝宝抵御失败时的挫折感。
- 慷慨地表达对他的爱,以及与他在一起时的美好和喜悦,告诉宝宝"和你在一起感觉很开心"。
- 减少宝宝的挫折感。了解宝宝的发育阶段,引导宝宝做一些他们擅长的事,不要向宝宝提出超过他们能力范围的要求。
- 经常表现积极情感,促进宝宝对情绪表达规则的运用。

四、关于宝宝的情绪，您的困惑和需要注意的问题

1. 宝宝很爱哭，怎么办

对于父母而言，首要的原则是记住，哭泣既是年幼宝宝表达需求的方式，也是他们释放紧张情绪的方法。不同年龄段、不同宝宝的哭泣所代表的需求往往是不同的，父母需要辨别哭泣的原因，然后再处理。

对于0~6个月的宝宝，当宝宝哭泣时父母要及时响应，尽快出现在他们身边，减少他们的痛苦，让他们感到舒适和安全，通常能够有效地让他们停止哭泣。如果等到他们极为恼怒或者极度悲伤才去安慰，反而会更难以安抚。

如果养育得当，随着宝宝神经系统的发育，1岁以后，通常宝宝会哭得越来越少。他们可能会用哭泣来提要求或者表达愤怒，对于这个年龄段的宝宝，可以在理解他的感受的同时转移他的注意力。比如，宝宝已经吃了足够多的饼干，而他哭着表示还想吃。可以给他一个拥抱，然后说："现在你的确很难过，我知道你还想再吃点，但我不得不拿走它们了。"以行动表示决心，直接端走盘子，并提议他玩游戏或者玩玩具。

在宝宝哭时，父母要避免以下几种典型的行为：

● 有求必应。宝宝一哭，就有求必应，或者即使宝宝没有明确的需求，父母为了缓解自己的压力就立刻安抚。这样一方面会使得宝宝无法充分表达自己的情绪，也会使宝宝渐渐学会用哭泣来要挟父母。

● 忽视。对宝宝的哭泣不理不睬，让他独自哭泣，无异于一

种抛弃。这种忽视宝宝情绪的做法，只会让宝宝由痛苦转变为愤怒，或者为了避免这种忽视引发的被抛弃感而压抑自己的情绪。

● 惩罚。对宝宝的哭泣零容忍，命令宝宝"不许哭"，否则就要进行责罚。这种做法完全是给宝宝树立一个反面榜样，而且会加深儿童的恐惧、忧郁和沮丧，并且会破坏亲子关系，阻碍儿童心理健康的发展。

2. 宝宝想要抱的时候，到底要不要抱

有许多父母认为要少抱宝宝，宝宝想抱就抱他是娇惯宝宝，不利于宝宝的成长。但到目前为止，没有任何可靠证据支持这些观点。宝宝在自己的愿望达不到满足时，想要妈妈抱抱，可能是因为：

● 寻求安慰。这是一种积极的解决问题的方法。一个紧密、温暖的拥抱，能让宝宝感觉舒服，能尝试去接受令人不悦的现实。

● 希望你带他离开不愉快的情境。宝宝自己没有离开不愉快情境的能力，有时候他们要求妈妈抱抱，还可能是想通过这个方法让妈妈帮自己离开让他不愉快的情境。

● 确认你是否还爱他。此外，宝宝在哭泣的时候希望被抱抱，或许他想要确认在这个时候你是否还爱他、喜欢他。或许你不愿意去抱他，真的是因为在那一刻，你对他很恼火、很烦他。但是宝宝却是在寻找安全感。

所以，不要轻易拒绝宝宝要求抱抱的愿望。要及时地回应宝宝的要求和愿望，耐心地和宝宝互动，即使不能满足他的愿望，

也要和他有良好的沟通，安抚宝宝。

3. 我的宝宝太胆小

有些父母，尤其是男宝宝的父母，往往希望宝宝勇敢无畏，当宝宝表现出"胆小"的一面时，常常因为失望而火冒三丈。谁愿意做"胆小鬼"的父母呢？

有时候父母可能很难理解宝宝到底有多害怕，可能期望宝宝立刻勇敢起来。实际上，粗暴地对待宝宝的恐惧，坚持让宝宝待在让他们感到恐惧的情境之中，不但不能帮助宝宝克服恐惧，反而会叠加宝宝原本的恐惧，让事情变得更加复杂和难以处理。

世界上有很多东西会让宝宝感到害怕

宝宝可能会害怕这些情境：与家人分离、与陌生人相处、陌生的环境、噪音、巨大的声音、医院、黑暗、高处、水边、沙地，等等。

● 害怕动物：任何动物都有可能。

● 害怕这些自然现象：打雷、闪电、狂风、巨浪。

● 各种各样的意外：突然的巨大声响、奇怪的声音、突然的光亮，等等。

● 想象中的危险：怪物、猛兽、坏人、奇怪的人。

每个人都有害怕的时候，你也是，这很正常。一定程度的恐惧是儿童心理发育的正常表现。恐惧也有积极的一面，它能让宝宝对危险有所警觉，有利于安全。

当宝宝害怕时，父母要这样做

● 耐心，包容他们在恐惧时的各种反应。

● 带宝宝离开让他感到害怕的东西。

● 等宝宝平静下来之后，慢慢告诉他那个东西是什么，声音是怎么出来的，还可以让宝宝亲自动手去试一试。

● 在陌生环境中父母作为宝宝的安全基地，要多陪伴宝宝。

● 玩假装游戏。如果宝宝愿意，让他假装成他害怕的那个东西，你来扮演害怕的他。

● 充分地鼓励宝宝。

● 欲速则不达。按照宝宝的节奏，帮助宝宝慢慢适应。

宝宝有以下情况需及早排查心理发育障碍：

● 对任何危险都不怕，甚至乐于制造危险。

● 因为害怕某个东西或者场景，而出现了昏厥、呼吸困难的情况。

4. 如何对待暴脾气小孩

愤怒是一种健康的生理反应，是宝宝表达反抗的一种方式，意味着他对你还有着信任，并没有那么多的恐惧。当被愤怒席卷时，成年人也难免会失控，甚至有时也会说出一些不该说的话，做出一些不该做的事情，更不用说年龄小的孩子了。想一想，当你自己愤怒的时候，你是怎么去表达和处理的？你希望你最爱的人在那个时候如何陪伴和帮助你？控制愤怒是一项需要学习的技能，在宝宝掌握这个技能的过程中，父母起到非常关键的作用。但这项工作并不容易完成，发脾气的宝宝常常让父母感到挫败、尴尬、苦恼及愤怒。

如果父母用责骂或者惩罚来管教宝宝的愤怒，往往得不偿失。或许，宝宝会因为恐惧而暂时压制了自己的愤怒，但他们并没有学习到如何处理自己的愤怒，而且被压抑的愤怒，终究会以其他形式爆发。这种方式还会让宝宝感到羞耻，也会损害亲子之间的关系。

当宝宝愤怒时，父母要这样做

● 包容宝宝的情绪，接受他不成熟的发泄方式，不要责备他。做到这一点非常不容易，尤其是在大庭广众之下。

● 理解导致宝宝愤怒的原因。

● 对于3岁以下的宝宝，在他们愤怒的时候，我们要敞开怀抱接纳他和抱住他。他可能会推开你、打你、咬你，要避免让他真的弄疼你，但不要走开，温柔地安抚他。这样能培养宝宝的安全感，并且降低他愤怒的频率。

● 帮助和鼓励他用语言表达感受，比如，"当……的时候，我真的很生气！"

● 在宝宝愤怒的当下，不要教育他、指责他。倾听并尊重他的感受，所有教育的工作都要等到他情绪平稳之后再做。

● 对于年龄大一点的宝宝，在他们难以控制自己的愤怒时，教他们用安全的方式发泄。比如，打枕头、沙袋，等等。

● 不要被宝宝的愤怒摧毁，失去了父母的职能而和宝宝发生冲突，或者以怒制怒。

5. 如何处理宝宝的挫败感

每个人都有失败的时候。失败带来的挫败感，会损伤人们对自己的良好感觉，对宝宝来说也是这样。日常生活中，很多事情都可能引起宝宝的挫败感。走路摔了一跤，玩具被抢走，想学个新技能没有学会，等等。妥善处理宝宝的挫败感，能够帮助宝宝树立自信，发展出心理弹性，更好地适应生活中的变故和不如意。

当宝宝正在经历挫败，建议父母这样帮助宝宝

● 布置与宝宝年龄相符的任务，让宝宝既能感觉到挑战，又不会因为无法成功而极度沮丧。

● 帮助儿童发展自己的技能，肯定他的每一个进步。

● 重视过程，而不是只重视结果，比如，输赢等。

● 理解宝宝遇到失败和挫折后的沮丧和愤怒，尊重他的感受，允许他适当发泄。

● 把挫折当作一个起点。帮助宝宝意识到，任何一个挫折都是暂时的。挫折提供了机会，让我们进步。

● 与宝宝一起分析导致挫折的原因，寻找解决方法。

生活中父母需要避免这样做

● 因为担心宝宝会感到挫败而过度帮助或包办，让他失去适应挫折的机会。

● 刻意安排可能会令宝宝感到挫败的场景。

● 当宝宝遇到挫折时，不闻不问，坚持让宝宝独自面对。

● 只赞赏宝宝的成功，而不赞赏他的努力。

6. 关爱自己：父母的情绪问题如何处理

大多数父母都会有忍无可忍的时候，想冲着自己的宝宝大喊大叫，想大声地责骂他们。如果你也有过这样的想法，这很正常，但这并不意味着你要付诸行动。

学习自我调节

● 在你失去理智前，试着让自己闭上眼睛停一会儿，想着你是宝宝的母亲或父亲，搜寻记忆中他熟睡时恬静的面容，直到让自己平静。

● 如果有必要，在确保宝宝安全的前提下，离开宝宝几秒钟，让自己冷静下来。

● 用沉默提醒自己保持冷静。

● 减少宝宝的挫折感，这同时也可以减少你的挫折感和愤怒。

如果你觉得自己已经尽力而为，却总是无法控制对宝宝的怒火，不要迟疑，请立刻寻找专业心理治疗师和机构的帮助。

五、促进宝宝情绪能力发展的亲子游戏

1. 拔萝卜

游戏玩法：让宝宝躺在床上假装"萝卜"，你握住宝宝的双手一前一后或一上一下轻轻地拽（避免伤了宝宝的胳膊）。在拽了几次之后，表现出很费劲的样子，并且感叹说："萝卜太大了啊，我怎么拔不动呀！你说怎么办呀？"然后，假装叫爸爸来拔，叫宝宝心爱的毛绒玩具一起来拔。

对于2岁以后的宝宝，可以由爸爸妈妈假装"萝卜"，启发宝宝找帮手一起来拔萝卜。在宝宝完成之后，给予鼓励和赞赏。

适合年龄：0~3岁

游戏解读：失败给宝宝带来的痛苦仅次于分离。每一次失败

都会给宝宝带来或多或少的痛苦，而且失败所引发的挫折感，也容易让宝宝感到愤怒。这个游戏的目的是用玩的方式告诉宝宝，有些事情可能就是很难完成，遇到自己难以完成的任务，可以寻求他人的帮助。此外，想办法完成一项比较难的任务，也可以提高宝宝的自信心和自豪感。

2. 拍手歌

游戏玩法：和宝宝一边唱歌，一边做相应的动作。2岁半以下的宝宝可能还没办法跟着妈妈一起唱，妈妈可以一边唱，一边做动作给宝宝看，宝宝会很高兴地模仿你的动作。

如果感到幸福你就拍拍手。（拍两下手）

如果感到幸福你就拍拍手。（拍两下手）

如果感到幸福你就拍拍手呀，我们大家一起拍拍手。（拍两下手）

……

如果感到气愤你就跺跺脚。（跺两下脚）

如果感到气愤你就跺跺脚。（跺两下脚）

如果感到气愤你就跺跺脚呀，我们大家一起跺跺脚。（跺两下脚）

……

你可以自己来编歌词，把你能想到的情绪和感受都放到《如果感到幸福你就拍拍手》这首儿歌里。比如，"如果感到无聊，你就跳跳舞（转圈跳舞）""如果感到郁闷，你就叹叹气（大声地叹气）"。

你也可以邀请宝宝与你一起想办法，比如，问他："如果感到饿了，我们做什么？""如果感到苦恼，我们做什么？"看看宝宝能不能帮你想出配合的动作，如果宝宝的回答不符合常理，也没关系，重要的是他能够参与，把他的想法表达出来，快乐地跟你一起玩。

适合年龄：18个月以上

游戏解读：这个游戏是为了帮助宝宝用恰当的方式来宣泄情绪和处理自己的感受。

3. 制作一本表情画册

游戏玩法：

● 父母从杂志上剪下各种夸张的人物表情图片。比如，快乐、悲伤、大笑、哭泣、愁眉苦脸、微笑、痛苦，等等，把这些图片贴在一个空白的本子上。

● 和宝宝一起看这些图片，让宝宝猜猜看，这是什么表情。对于1岁半以下的宝宝，你可以告诉他这是什么表情。如果宝宝的语言发展能力比较好，可以试着让他来说。

● 你可以模仿图片上的表情，然后鼓励宝宝也这样做。比如，看到大笑的图片时，你也大笑，鼓励宝宝也大笑。

慢慢地，宝宝就可以掌握这本表情画册上的人物表情和它们所代表的心情了。

适合年龄：1~3岁

游戏解读：这个游戏是为了帮助宝宝辨别面部表情，在谈论和情绪有关的话题时，还能帮助宝宝用恰当的方式来宣泄情绪。

4. 妈妈怎么啦

游戏玩法：提前告诉宝宝，要一起玩一个宝宝帮妈妈的游戏，以免宝宝担忧。妈妈假装摔倒受伤了哭泣，引导宝宝来安抚妈妈。

如果妈妈假装哭了之后，宝宝不知道怎么办，妈妈可以直接提出要求："宝宝（或者平常你习惯称呼宝宝的方式）抱抱妈妈吧，抱一抱妈妈心里就会舒服一些了，也不难过了。"或者："妈妈这儿疼，你帮妈妈吹吹吧，吹吹就不疼了。"在宝宝做出了安慰妈妈的举动之后，妈妈要及时感谢宝宝的付出。

适合年龄：2~3岁

游戏解读：2岁以后，宝宝已经开始学习表达自己对别人的关心，开始学习安慰和帮助别人了。这个游戏可以帮助宝宝了解别人的情绪，培养宝宝的同情心。

5. 不说话，提要求

游戏玩法：像演哑剧一样，请宝宝不要出声，用手势、表情来表明自己要说什么。用手拍拍胸口表示"我"；撇嘴做个鬼脸表示"不喜欢"；摇头摆手表示"不"；用双手抱拳在胸口表示"请你答应我的要求"。比如，如果想说"我想玩玩具"，就是：用手指指胸口，用手指指玩具，再用双手抱拳在胸口；如果想说"我不喜欢吃苹果"，就是：用手拍拍胸口，用手指指苹果，再撇嘴做个鬼脸。父母可以与宝宝一起游戏，互相猜对方想表达的意思。

适合年龄：3岁以后

游戏解读：这样的小游戏可以给宝宝心理暗示——安安静静也可以提要求。

父母可以这样帮助宝宝适应

当宝宝哭了，允许宝宝适当地表达负面情绪，不要立刻阻止。

告诉宝宝如何恰当地表达情绪。如生气的时候，你可以大声说"我真的很生气！"

在亲子阅读时间与宝宝谈论书中人物的情绪状态、产生的原因和处理方法。

在宝宝愤怒的当下，不要教育他，所有教育的工作都要等到他情绪平稳之后再做。

鼓励她，为她的每一次成功而感到喜悦和幸福，培养她的自豪感。自豪感可以帮助宝宝抵御失败时的挫折感。

了解宝宝的发育阶段，引导宝宝做一些他们擅长的事。不要向宝宝提出超过他们能力范围的要求。

第7章

培养宝宝的
安全依恋

宝宝是不是像个小黏包,一和你分开就大哭大闹?
每次离开宝宝,你都会感到非常担心吗?
宝宝到哪里都要带着她的那个旧娃娃,没有它就吵闹不休吗?
宝宝为什么怎么也不肯去幼儿园?

或许您正在为这些问题而苦恼。本章将为您介绍什么是依恋,以及如何运用您对宝宝的爱和您的育儿智慧帮助宝宝培养出安全依恋。

要点提示

- 培养安全依恋的目的是为了让宝宝有一天能够勇敢地离开家。
- 宝宝的依恋对象不一定只是妈妈，爸爸、祖父母及经常陪伴宝宝的人都可能成为宝宝的依恋对象。
- 早期养育中对宝宝的需求保持敏感，并及时做出恰当回应，有利于安全依恋的形成。
- 每个宝宝都是不一样的，有些宝宝需要更多的耐心和更为敏感的养育。
- 您自身的依恋类型，会影响您宝宝与您的依恋关系。但通过努力，可以打破代际传递。
- 即使是遭受了忽视和虐待的孩子，重新得到高质量的养育和爱，依恋仍能得到修复。

一、关于宝宝的依恋，您需要了解

依恋作为儿童与他人形成的第一种人际关系，影响儿童对自己的评价、对环境的看法和对人际关系的态度，这种影响持续而且深远。宝宝的依恋类型可以分为安全依恋和不安全依恋两大类。

1. 安全依恋的表现

形成安全依恋的宝宝单独和妈妈在一起时，能安逸地游戏和探索，在妈妈离开时往往感到烦躁不安和难过，在妈妈回来后一般会高兴地叫妈妈，主动和妈妈进行身体接触，比如，拥抱等。他们对陌生人的反应比较积极，能顺利地与陌生人交往，也能接受陌生人的安抚。具有安全依恋的宝宝在以下这些方面发展的都比较好：

● 信任感：他会感到父母是可信任和依赖的，在遇到困难时会第一时间找到父母，试图寻求父母的帮助和意见。而不安全依恋的宝宝对父母缺乏信任。

● 自我评价：对自己的评价是积极的，他认为自己是可爱的，值得被爱的；而不安全依恋的宝宝对自己的评价是消极的，他容易感到自己是不值得被爱的、让人讨厌的。

● 安全感：能够放心地探索环境，乐于与人交往，勇于探索，也更为自信，问题解决的能力、毅力以及承受挫折的能力都更强一些。而不安全依恋的宝宝在学前期和学龄期比较容易出现退缩、敌意、交往能力差、情绪不稳定等特点。

2. 不安全依恋的表现

不安全依恋有很多种表现形式，常见的有以下情形：

● 有的宝宝似乎离不开妈妈，妈妈离开时极度痛苦，抗拒陌生人，对妈妈和陌生人都有气愤的攻击行为，比如，打妈妈，或者打陌生人，等等。

● 有的宝宝似乎不受妈妈在场或不在场的影响，妈妈离开时他们也不难过，妈妈回来时也不显得高兴，这表明他们并没有和妈妈或其他人形成依恋。

● 有的宝宝单独和妈妈在一起时，喜欢缠在妈妈身边，探索活动不积极。他们面对陌生的人和事物拘谨、退缩。与妈妈分离时，会反抗、哭泣，非常痛苦、悲伤；与妈妈重聚时，会急切地寻求妈妈的安慰，但不容易平静下来。

不过，在现实生活中，安全依恋的宝宝比例比较高，不安全依恋的宝宝比例较低。而且，早期的不安全依恋也不能说明宝宝今后的生活肯定就不好，如果宝宝在日后的生活中能和其他人形成良好、可信任的关系，也可以弥补早期不安全依恋带来的负面影响。

二、关于宝宝依恋的发展，您需要了解

1. 宝宝的依恋形成的过程

宝宝依恋的发展大致可以分为以下4个时期。

0~2个月

依恋形成期：这个时候的宝宝几乎喜欢所有人，喜欢看着人

的面孔。宝宝常用哭泣来引起父母的注意和呼唤他们的照料，也会用微笑、咿呀作语、抓握等来吸引父母和他们亲近。

2~7个月

依恋发展期：宝宝已经能区分妈妈、其他熟人与陌生人，家里谁抱他都不拒绝，他乐于接受所有人的关注，但更愿意与妈妈或熟悉的养育者咿咿呀呀地交流，也会对他们有更多的微笑或啼哭。

7~24个月

宝宝已经能区分并区别对待熟悉的人和陌生人。宝宝喜欢妈妈或其他依恋对象待在他身边，与依恋对象的分离通常会引起宝宝的焦虑、痛苦和反抗。比如，在妈妈离开时大哭。陌生人的出现往往也引起他们的焦虑和恐惧，也就是人们常说的"认生"。这种认生期的持续时间和强度，在不同宝宝之间的表现是千差万别的。

24个月以后

随着语言能力的迅速发展，宝宝已经可以和父母进行真正意义上的交流，过去与父母相处时的良好体验和感受，让宝宝对父母有了信任和安全的感觉，大大降低了宝宝对分离的抗拒。而且，宝宝会有更多独立性的表现。比如，渐渐能独自玩耍。

2. 父母需要警惕的情形

如果宝宝有以下这些表现，需要引起注意：

- 总是回避眼神接触。
- 已经6个月了还不会笑。

- 总是拒绝你的安抚和接触。
- 似乎总是没有意识到或不在意有没有人陪伴他。
- 哭起来无法安抚。
- 不会叽叽咕咕地说话或发出声音。
- 不用目光追随你。
- 对互动游戏或者玩具没兴趣。
- 花很多时间摇来摇去或安抚自己。

需要注意的是，不安全依恋的这些早期表现，与儿童的多动症和自闭症的症状有一些相似之处。因此，如果发现宝宝有这些情况，最好立即请儿童心理科医生进行专业诊断。

三、促进宝宝安全依恋的发展，您可以这样做

1. 对宝宝的需求保持敏感，并及时做出恰当回应

这样做，有利于形成安全依恋：

- 敏感：对宝宝的信号能迅速正确地做出反应。
- 积极态度：对宝宝表现出积极的关心和爱。
- 同步性：与宝宝建立默契、双向的交往。这意味着宝宝想要抱的时候，你要抱他，宝宝不想抱的时候，虽然你很想抱他，也要尊重他的意愿。
- 共同性：与宝宝注意同一件事。
- 支持：对宝宝的活动给予密切的注意和情感支持。
- 接纳：对宝宝要有耐心，接纳宝宝的不完美和各种错误。

● 情感交流：经常充满感情地拥抱宝宝，对宝宝微笑，经常温柔地和宝宝说话——即使他们还不会说话。

养育是父母与宝宝双方的互动，宝宝的特质也会影响到依恋的质量。每个宝宝都各有特点，有些宝宝需要更多的耐心和更为敏感的养育。

有些宝宝与其他宝宝相比，更爱哭闹，面对挫折更容易烦躁不安。养育这样的宝宝，对于父母来说是很大的挑战。如果父母能得到更多的支持、帮助和专业指导，那么就知道如何更为准确地理解和回应宝宝的需求，大多数这样的宝宝也能与父母形成安全依恋。

另外一些特殊的宝宝，如早产、发育迟滞、有慢性疾病、身体存在障碍的宝宝，只要妈妈照顾方式得当，仍然能够与妈妈建立稳定的依恋关系。

2. 营造温馨、和谐、充满爱的家庭环境

婚姻幸福的父母，往往能在养育的过程中互相支持，以积极的心态善待宝宝，父亲也会很积极地参与育儿生活。家庭环境的温馨和谐，家人之间的爱和支持，会感染宝宝，有利于他们安全感的形成，对于安全依恋的发展也非常有意义。

而不稳定的婚姻，家人之间的争吵打闹、怨恨和敌意，可能干扰和阻碍亲子之间形成安全型依恋。不和谐的家庭环境长时间侵扰孩子，也会在孩子小小的世界里印下深深的痕迹。即使现在没有过度表现出来，也会对孩子的未来安全依恋上形成一些的负面影响。

四、关于宝宝的依恋，您的困惑和常见问题

1. 宝宝为什么很认生，见到陌生人就害怕

在8～12个月的时候，父母可能会发现以前那个热情、开朗的小家伙性情似乎变了，他变得很黏人。遇到陌生面孔，就会感到焦虑不安；如果有陌生人突然接近他，他可能还会吓得哭起来。有时候这会让父母感到尴尬，因为这些陌生人往往对于父母而言并不陌生，甚至是父母的亲朋好友。但对于宝宝来说，在这个阶段除了日常照料他的最亲近的人，其他人都是"陌生人"。

认生是一个里程碑，标志着宝宝社会认知能力的发展——他能够敏锐地辨认熟人和不熟悉的人，这也是亲子依恋形成的表现。不过，另一方面，认生也会阻碍宝宝去探索新的人际关系。以下方法可以帮助宝宝更为顺利地度过这个阶段。

从小多接触陌生环境和陌生人

虽然一般在6个月以前，宝宝不太能区分陌生人与熟人，但父母还是应该尽量多带宝宝外出，让他们接触外面的世界，多和陌生人打交道。

创造机会给宝宝寻找玩伴

6个月以后，宝宝之间会出现互动，他们开始表现出对同龄人的兴趣。这时，父母要多创造机会，为宝宝找到同龄的小伙伴，让宝宝能和家人之外的人相处。这些都可以帮助宝宝学着习惯与陌生人共处。

给宝宝适应陌生人的时间

提醒亲朋好友，接近宝宝时动作要慢一点、温柔些。当你

要把宝宝放到一个亲戚或朋友的怀里之前，你要先抱抱宝宝，爱抚他、安慰他，跟他介绍一下对方；然后再抱着宝宝让那个人跟他说说话，逗他玩，等到宝宝不那么抗拒了，再把他交给那人抱一小会儿，但你不要走开。如果宝宝比较适应，你可以尝试离开房间几分钟，看宝宝如何反应。如果宝宝看见你不在，又开始哭闹，那你就不要强行离开。让宝宝接受陌生人需要耐心和过程，要多给宝宝一点时间。

父母需要避免：

● 突然地将宝宝交给"陌生人"抱。

● 在宝宝认生的时候责备他。

● 宝宝已经感到害怕了，仍然强迫宝宝接受陌生人。

2. 宝宝为什么会特别迷恋一些东西

有些父母可能觉得很奇怪，为什么宝宝离不开他的小毯子，或者那个破旧不堪的娃娃？这些东西似乎对他们很重要，但又经常看到他尝试破坏这些物品。这就是人们常说的依恋物，它们对宝宝的心理发展有着非常重要的作用，标志着宝宝正在学习使用象征这种能力，尝试调节自己的焦虑和情绪。依恋物可能是柔软的毛巾、他特别喜欢的一个玩具，或者是不断重复的一个动作，甚至是一段旋律、一句别人无法理解，但对他而言有着特别含义的话语。

对于父母而言，需要注意的是：

● 不是所有宝宝都会有这样的依恋物，有的宝宝一直把妈妈当作依恋物。

● 不必惊讶、取笑宝宝，有一天他会放弃他的依恋物。

● 不要感到嫉妒，在意他把这个物品看得这么重，甚至可能超过你。

● 带宝宝外出的时候，把依恋物带着，它可以安抚宝宝的焦虑与不快。

● 不要自行清洗、缝补宝宝依恋物，即便你感到它已经很脏，或者很破旧了。一旦清洗和缝补之后，宝宝就会感到那不再是他原有的东西了。但如果他要求你帮他修理、缝补，你可以按照他的要求来做。

● 他可以用他想要的方式对待自己的依恋物，即便宝宝撕扯、破坏这个东西，不要问他为什么这样做，不要阻拦他，也不要责备他。

3. 妈妈要上班了，怎么让宝宝适应

在照料了宝宝几个月之后，大多数妈妈都要重回职场。帮助宝宝适应这个分离，对于宝宝心理健康的发展非常重要。与亲密的人长时间分离，会给宝宝带来痛苦和绝望。父母如何做，才能让宝宝更容易忍受分离呢？

尽早找到可信任的看护人

如果母亲出去工作时，宝宝在家中受到他人敏感的、能够很好回应宝宝需要的照料，宝宝的情绪发展将不会受到太大影响。为了让宝宝适应母亲外出工作的这种变化，最好在宝宝还很小的时候，即还没有对妈妈形成依恋之前，就让他逐渐熟悉祖父母或者其他养育者。

宝宝六七个月以后已经能区分陌生人和熟人，如果这个时候才第一次把宝宝交给陌生人照看，那么对宝宝来说会比较难。如果你在宝宝已经六七个月以后，才把他交给其他人照顾，那就需要多给宝宝一些适应的时间。此外，尽可能避免频繁地更换看护人，否则会让宝宝一直处于适应陌生人的不安之中。

给分离提供一个理由

对于宝宝来说，不知道妈妈去了哪里，什么时候回来，这是让他们最着急的事情。因此，为分离提供一个解释就显得很重要。需要注意的是，解释越简单，效果越好。即使是宝宝还不会说话，妈妈也要简单地告诉他："妈妈去上班了，晚上回来。"不要对宝宝撒谎，也不要让妈妈偷偷溜走。妈妈上班前要和宝宝亲密接触，回来后要呼唤宝宝的名字和他打招呼，多陪他游戏。

处理自己的分离焦虑

亲子分离时，难过的不只是宝宝。妈妈在离开宝宝去上班的时候，自己内心也非常痛苦、挣扎和焦虑。可能一想到自己要离开，妈妈就感到难过，在上班的时候也会无比想念宝宝，或者担心其他人是否能照料好宝宝。宝宝是可以感受到父母的情绪变化的，在即将与妈妈分开的时候，如果原本不焦虑的宝宝感受到妈妈散发的焦虑情绪，也会跟着紧张起来。因此，妈妈需要处理好自己的分离焦虑。

父母要避免：

● 不能理解和接纳宝宝的痛苦，取笑他。

● 为了白天有好精神，晚上不陪宝宝睡觉。这样会大量减少本来就不多的母子接触时间，会让宝宝更为痛苦。

- 把宝宝全权托付给祖父母或者保姆。
- 陪宝宝的时候不能放下工作，无法全心投入。
- 用玩具代替对宝宝的陪伴，以此来弥补自己的愧疚感。

4. 宝宝要上幼儿园了，该做什么准备

宝宝离开家庭去上幼儿园，不管是对宝宝还是对父母，都是一项很大的挑战。在幼儿园门口，常常可以看到小班的宝宝们哭成一片，父母们也常常心有不忍，或者也难过地掉下眼泪。宝宝在刚开始上幼儿园的时候，常常会有这样的状况：

- 早上不愿意去幼儿园，哭闹得非常厉害，拉住家里人，不让他们离开。
- 在幼儿园里显得很没有精神，不愿意和小朋友游戏。
- 在幼儿园里紧紧黏住某个老师。
- 入园后经常容易生病，或者有不明原因的肚子疼、身体不舒服。
- 时不时尿裤子，即便已经学会了控制大小便。

父母可以这样帮助宝宝适应：

- 在入园前做好充分的准备，多带宝宝接触家庭以外的环境。
- 从小注意妥善处理宝宝的分离焦虑。
- 让宝宝对幼儿园的生活产生好奇和期待。可以愉快、轻松和期待地与宝宝阅读有关幼儿园生活的绘本，让宝宝提前知道幼儿园是什么样的，他什么时候会去上幼儿园，在幼儿园里他可能会做什么。
- 培养宝宝基本的生活自理能力。

● 尽可能地带宝宝到新幼儿园参观、玩耍，熟悉环境。

● 给宝宝准备一些他喜欢的、可以随身携带的玩具或物品；给宝宝一张面容清晰的妈妈的照片，也可以帮助宝宝面对必要的分离。

● 在接宝宝回家的路上，用轻松、愉快的语调和宝宝聊一聊幼儿园的生活，帮助宝宝回忆幼儿园里面的快乐时光。

父母需要避免：

● 一味地妥协，只要宝宝哭得厉害，就不送了。

● 即使宝宝哭闹不厉害，父母因为难以承受自己的分离焦虑，送一天，歇一天。

● 和宝宝一起哭。这会加深宝宝对幼儿园可怕的想象。

● 哄骗宝宝。比如，哄骗宝宝自己是去给他拿东西，然后借机离开；哄骗宝宝一会儿就来接她，但并没有出现；或者哄骗宝宝会在外面等他，但宝宝出来活动时，发现家人并不在，等等。

● 威胁宝宝。当宝宝哭的时候说"不许哭了！再哭我就不来接你了"。

● 不恰当的语言暗示。比如，只关注可能发生的负面事情，问宝宝"老师凶不凶""有没有人欺负你"等情况，如果想知道，父母可以通过自己的观察来了解。

● 周末的时候打乱宝宝在幼儿园形成的作息，使宝宝每到周一又要重新适应。

五、促进安全依恋发展的亲子游戏

1. 脸对脸

　　游戏玩法：让宝宝舒服地靠在宝宝摇椅或者婴儿车里，让宝宝和你脸对脸。慢慢转换你的面部表情，做出微笑、吃惊、伸舌头、皱眉头等表情；然后重复一遍。记住，在不同的表情之间要有间隔，每做完一个表情，看看宝宝会不会试图模仿你。同时，用温和的声音和宝宝聊天："你是个多么快乐的宝宝呀！""你吐小舌头的样子，好可爱呀！"

　　适合年龄：2个月以后

　　游戏解读：宝宝从出生那一刻起，就天生地对脸感兴趣，而且妈妈的面孔是他们的最爱。通过这个小游戏，可以让宝宝熟悉妈妈的各种表情，在快乐的互动中增加亲子感情。

2. 玩具去哪儿了

　　游戏玩法：把宝宝喜欢的一个玩具，如小鸭子，放到一个小盒子里，再把小盒子放到大一些的盒子里，如此继续。如果宝宝不足6个月，套两层盒子就足够了；如果宝宝已经八九个月了，可以在玩具外面多套上几层盒子。然后问宝宝："你的小鸭子去哪儿了？"当着宝宝的面，让宝宝看着你一层层打开的盒子，一边打开一边问："你的小鸭子在里面吗？"继续下去，直到在他面前打开最后一层，然后大声说："小鸭子在这儿呢！"说完后让宝宝捏一捏小鸭子。

　　适合年龄：6个月以上

3. 躲猫猫

游戏玩法：让宝宝舒服地靠在宝宝摇椅或者婴儿车里，你坐在宝宝对面，然后躲到他看不见的地方，再带着夸张的笑脸突然出现，看看宝宝会不会感到惊奇。你可以变化表情（但不要吓到宝宝）、变化你躲藏的位置。

适合年龄：4个月以后

游戏解读：游戏2、游戏3都是为了培养宝宝的客体永恒概念。形成了客体永恒概念，宝宝就能明白"看不见的东西并不是真的消失"。这有助于宝宝理解，妈妈离开了，并不意味着妈妈消失了，妈妈还会再回来。这样能让宝宝安心，减少宝宝对妈妈离开的恐惧。

4. 这是谁

游戏玩法：买一本小相册，装满宝宝及他熟悉的人的照片。照片最好包括家庭成员、亲戚朋友、保姆、邻居，以及你们认识的其他宝宝的照片。注意照片的面部表情要清晰、突出。

和宝宝坐在一起看这些照片，一一给他讲解，告诉他这是谁，和他是什么关系，叫什么名字。把相册放在宝宝可以拿到的地方，让他自己翻阅。也可以制作一面照片墙，抱着宝宝一起看看。

适合年龄：8个月以后

游戏解读：通过照片，让宝宝熟悉自己身边的每个人，减少宝宝对家人之外的人的陌生感和恐惧感。

父母可以这样帮助宝宝适应

与宝宝一起阅读有关幼儿园生活的绘本,让宝宝提前了解幼儿园生活。

培养宝宝基本的生活自理能力:自己喝水,自己吃饭。

带宝宝到新幼儿园参观、玩耍,熟悉陌生的环境。

给宝宝准备一些她喜欢的、可以随身携带的玩具或物品。

给宝宝一张面容清晰的全家福照片,也可以帮助宝宝面对必要的分离。

在接宝宝的路上,用轻松、愉快的语调和宝宝聊一聊幼儿园的生活。

第8章
培养宝宝的 社交能力

为什么没有人喜欢和我家宝宝玩？
宝宝怎么总是抢别的小朋友的玩具？我都不敢让他和别人玩了。
宝宝总是被人欺负，他都不敢结识新朋友。
宝宝喜欢跟淘气的宝宝玩，怎么办？

宝宝1岁多以后，就越来越喜欢和同龄人或者稍大一点的小伙伴一起玩耍。有的小朋友人缘好，与同伴相处融洽；有的小朋友却显得比较不合群。这一章将介绍小伙伴对于宝宝的重要性，以及如何帮助宝宝交朋友。

要点提示

- 宝宝2岁以后，需要有越来越多的时间与小伙伴在一起。
- 能建立和维持同伴关系是儿童社交能力发展的一个标志。
- 宝宝从争夺玩具和争吵中，学习平等互惠观念、合作意识，形成道德判断能力。
- 通过与同伴的交往，儿童将调整自己的交往方式，逐渐形成胜任的、适应性的社会行为模式。
- 同伴就像是一面镜子，宝宝从同伴那获得了关于别人怎么看待自己的信息，这种信息是形成自我的基础。
- 有同龄的小伙伴让儿童有归属感和安全感，能更好地适应幼儿园的生活。
- 早期的同伴关系对儿童的社会适应有长远影响。

一、关于宝宝的社交能力，您需要了解

1. 影响宝宝社交的因素

宝宝天生的气质影响他们的社交风格

有的宝宝对小伙伴很有兴趣，对社会交往很有热情，而有的宝宝则显得不太爱交往，甚至有些回避社交场合。拥有积极情感的宝宝，经常微笑、大笑，愿意接近他人，与其他人一起玩。这种特点在一定程度上受到基因的影响。了解宝宝天生的气质，不要强求宝宝。

亲子关系的质量影响同伴关系的质量

亲子关系是宝宝的第一个也是最为重要的人际关系。与养育者形成了安全依恋的宝宝，倾向于认为别人乐于接受他们的友好，这对社交技能的发展起着积极作用。安全型依恋的宝宝一般比较外向，从养育者那里，他们也学会了更多且有效的社会技巧，有更高的合作性，较为友善，面对人际关系的冲突时不容易产生挫折感，并且能处理和化解这类尴尬的场面。而那些不安全依恋的宝宝，在面对不熟悉的同伴时表现得更加焦虑，也更不善于交际。

2. 宝宝社交能力的发展

0~6个月

出生1个月的宝宝就已经对其他的宝宝表现出兴趣，两三个月后，看着自己熟悉的同伴可能会伸出手去触摸对方。

6~12个月

宝宝之间开始出现互动。宝宝经常会对他们的小伙伴微笑或嘀嘀咕咕，他们还会互相递玩具、打手势。

12~20个月

宝宝越来越喜欢跟其他同龄或年龄大一点的小朋友们在一起，在意小伙伴们的行为，喜欢彼此模仿一些简单的动作，并乐在其中。

20~24个月

因为语言能力的发展，这个时候宝宝们的游戏中有了很多言语成分，同伴之间经常互相描述他们正在进行的活动，或者试图去影响同伴应该承担的角色。

2岁以后

宝宝和同伴在一起的时间越来越多，他们还会一起商量如何做游戏。男孩倾向于形成小圈子，女孩则形成"一对一的朋友"。宝宝的社交技能在进入幼儿园之后会有很大的提高，他们能够清楚地意识到他人的行为。在这个年龄段，儿童经常和一个或多个同伴一起做假装游戏和打来打去。到了4~5岁，儿童已经会邀请小伙伴一起来玩游戏。

二、培养宝宝的社交能力，您可以这样做

1. 塑造宝宝的亲社会行为

有礼貌、乐于助人、考虑他人、能够以友好的方式解决争端、破坏或攻击行为较少的宝宝，更容易有朋友。有关宝宝亲社

会行为和攻击行为的知识，请阅读相关章节。

2. 提高宝宝的社会认知技能

宝宝的社交能力很大程度上依赖于他们的社会认知的发展。亲社会行为有利于儿童同伴交往，而做出亲社会行为，需要具备特定的认知技能，其中最重要的是换位思考的能力。具备这种能力的儿童能充分理解他人的需要、想法和情感，可以更好地解决交往中的问题，并做出助人行为。此外，情绪对儿童同伴交往的成功与否也起着非常重要的作用，情绪控制能力是与同伴友好相处必不可少的一个因素。有较多积极情绪，掌握了较多形容情绪的词汇，能更准确地识别和理解情绪的儿童更受同伴欢迎；而情绪反复无常及有较多消极情绪的儿童更可能被同伴拒绝。

三、关于宝宝的社交能力，您的困惑和常见的问题

1. 宝宝很害羞，不愿意交朋友怎么办

有些宝宝比较害羞、慢热，他们可能需要更多的机会去尝试结交其他小朋友。

父母可以这样做：

● 帮宝宝安排与同伴玩耍的机会，鼓励宝宝参加为儿童举办的活动，带宝宝参加各种亲子班或者聚会，在适当的年龄送宝宝去幼儿园。

● 准备一些用于交换的玩具。带宝宝外出时，可以多带几个有吸引力的玩具，让宝宝可以与其他人交换。

● 帮助宝宝发展交谈能力。比如，在宝宝想参与活动时，让他征求其他小朋友的意见。

● 利用榜样的力量。利用绘本中生动有趣的例子，告诉宝宝如何认识新朋友和如何与朋友相处。父母可以与宝宝一起读绘本，看看里面的主人公都是怎么做的。父母还可以多让宝宝与那些比较会交往的同伴相处，让他有机会去观察和模仿这些宝宝的交往行为。

给宝宝一定的自由空间，玩他们自己的游戏，让他们自己解决小的争吵与冲突。

2. 宝宝不愿意分享，怎么办

分享，被视为一种良好的品质。但很多父母可能都会发现，2岁左右的宝宝不愿意与别人分享玩具，不愿意别人碰他们的东西，对自己的东西充满了保护欲。宝宝这样的行为与社会所推崇的"分享"观念背道而驰，有时候不免让父母感到尴尬和羞愧。父母和其他成年人可能会习惯性地把宝宝拒绝分享的行为解释为"小气""自私"。

实际上，这么大的宝宝有这样的行为和自私无关，这只是宝宝的自我意识萌芽的一个表现。宝宝只有先知道什么东西是"我的"，知道拥有"我的"东西的感觉，才能真正学会"分享"——把自己拥有的东西与他人共享。而且，宝宝只有知道属于"我的"东西应该被保护，别人不能侵犯，才能真正学会不去抢别人的东西。另外，需要再次提醒父母的是，要求宝宝在任何时候都分享任何东西是不合理的。即使是成年人，也不可能任何时候都愿意把自己的心爱之物分享给别人。建议父母这样做：

理解宝宝的占有欲，不要强迫宝宝分享

● 示范：让宝宝看见你如何与其他人分享，并乐在其中。

● 公平：准备足够多的玩具，避免分配不均引起的纠纷。

从交换开始学习分享

告诉宝宝可以用自己的玩具与其他小朋友交换，并引导宝宝学会征求其他小朋友的意见。

鼓励和奖励宝宝的分享行为

当宝宝尝试与别人分享之后，父母可以用欣赏的目光和语言鼓励他。不过，不要期望宝宝一次做到了，以后就每次都能做好。给自己和宝宝多一些时间，慢慢练习和塑造他的行为。

3. 宝宝总是被人欺负，怎么办

宝宝在和小伙伴一起玩耍时，难免会发生冲突。有的宝宝被欺负了，可能会屈服于对方，有的宝宝可能会奋起反击，这两种行为都可能导致对方进一步的攻击行为。无论如何，父母需要认真对待宝宝所遇到的情况。父母可以这样做：

● 适当关注宝宝与同伴交往的过程。在宝宝和同伴玩耍时，关注宝宝与同伴的交往，以确保游戏顺利、友好地进行，不发生大的冲突。

● 直接干预。对于年龄较小的宝宝，父母可以进行直接干预。比如，制止对方攻击行为，或者通过示范让他们看到更为友好的处理办法。

● 与宝宝一起讨论解决办法。对于年龄稍大的宝宝，直接的干预可能导致攻击者日后对宝宝的报复。建议与宝宝一起讨论攻击行为背后可能的动机，以及讨论各种可能做法的好处和缺点，预演应该怎么说和怎么做。

四、促进宝宝社交能力发展的亲子游戏

1. 打招呼

游戏玩法：拿起宝宝喜欢的毛绒玩具或者手偶，假装它在"说话"。记住，要用简单、清楚的句子，比如，"嗨，乐乐，你好！"然后停下来，看看宝宝，再说："我是小狮子！你愿意跟我一起玩吗？"还可以假装用玩偶去抓宝宝的手说："让我们握个手吧！"

鼓励宝宝参与，如果宝宝伸手来抓玩具，对他说："你想抓我呀！我跑啦，你快来抓我呀！"发挥想象力，可以让玩偶和宝宝多做一些互动，比如，拥抱、唱歌、扔球等。

适合年龄：1岁以后

游戏解读：友好、主动的宝宝能有更多的朋友。与其枯燥乏味地告诉宝宝"见到小朋友要打招呼""做人要懂礼貌"，不如拿玩偶演给宝宝看，便于宝宝模仿和学习。

2. 踢球

游戏玩法：可以爸爸妈妈一起来参加，把球滚到宝宝面前，

让他回踢给你们。如果他踢给你了，不管踢的方向准不准，距离是否足够远，都要记得称赞他。然后，你要把球再给他踢回去，或者滚回去，让他去接球或者捡球。不管他是否能接住，都要称赞他。

适合年龄：1岁半以后

游戏解读：1岁以后，宝宝的自我意识逐渐萌芽，这个时候他开始不那么愿意分享了。而学会分享对于他们交朋友很重要。这个游戏能让宝宝发现一起玩的乐趣，体会到有时候他必须给出去，才能获得，为学会分享打下基础。对于年龄较小还不会站立和行走的宝宝，可以把踢球改成扔球或者推球。

此外，在情绪一章中，提升宝宝情绪表达和情绪理解能力的游戏，也有利于宝宝与同伴的相处。

父母可以这样帮助宝宝适应

有些宝宝比较害羞、慢热，他们可能需要更多的机会去尝试结交其他小朋友。

带宝宝外出时，准备一些用于交换的玩具，建立良好友谊。

妈妈可以告诉宝宝，如何认识新朋友和如何与朋友相处。

在玩耍的过程中，给宝宝一定的自由空间，让他们自己解决小的争吵与冲突。

一定的年龄段里，宝宝只有明白什么是拥有，才会懂得分享的含义。有时要理解宝宝的占有欲，不要强迫宝宝分享。

当宝宝尝试与别人分享之后，父母可以用欣赏的目光和语言鼓励他。

第9章
宝宝**社会行为**的发展

男宝宝攻击行为就是比女宝宝多吗？
宝宝为什么不能与小伙伴合作玩游戏？
宝宝一不高兴就打人、乱扔东西怎么办？
宝宝特别大方是不是好事？
宝宝一片好心，却总是被人拒绝，会伤害他吗？

本章将为您介绍宝宝的亲社会行为和攻击行为的特点和发展规律，以及作为养育者如何让宝宝有更多的亲社会行为，更少的攻击行为。

要点提示

● 宝宝帮助父母做一些力所能及的事情，安慰不高兴的玩伴，或者与他人合作游戏，能提高宝宝的自尊，让宝宝有满足感，还可以让宝宝更受欢迎，更容易结识小伙伴，更容易得到他人的帮助，有更多的合作机会。

● 父母需要避免迫使宝宝做出一些虚假的亲社会行为，不合理地要求宝宝在任何时候都分享任何东西。

● 身教胜过言传，父母应该成为宝宝的好榜样，引导宝宝的行为。

● 父母如果对宝宝冷漠、严厉、要求很高、忽视宝宝的感受或者经常有身体惩罚或言语责骂，那么宝宝也可能会采取相似的方式对待其他人。

● 用微笑和积极的话语来表达对宝宝的称赞和欣赏，记住应该避免用糖果、小红花、贴纸等具体的东西去奖励宝宝。

一、关于宝宝的亲社会行为，父母需要了解

1. 什么是亲社会行为

"亲社会"是合乎社会道德标准的意思，亲社会行为就是有利于他人的行为，常见的亲社会行为包括：帮助、分享、安慰与合作。比如，宝宝帮助父母做一些力所能及的事情，安慰不高兴的玩伴，或者与他人合作游戏。在这个过程中，宝宝会认为："我是一个有用的人，我能够做一些小事情，帮助需要的人，我是那么的重要。" 这让宝宝对自己的能力和价值有了健康的认知。亲社会行为可以帮助宝宝：

- 提高宝宝的自尊，感到自己是有能力、有价值的。
- 带来满足感。
- 提供融入社会情境的途径。
- 让宝宝更受欢迎，更容易结识小伙伴。
- 让宝宝更容易得到他人的帮助，有更多的合作机会。

2. 宝宝亲社会行为的发展

绝大多数父母希望自己的孩子能够关心别人，在他人需要帮助的时候伸出援助之手。生活中，许多父母早早就开始鼓励孩子分享、合作、助人这些亲社会行为。亲社会行为也有发展的规律和阶段。我们通过下面的表来看看不同年龄段的孩子有哪些典型的亲社会行为。

亲社会行为发展表

年龄	亲社会行为表现
8~12个月	宝宝开始对他人有同情的感觉，有时候也愿意分享自己的东西。
1~2岁	宝宝开始有安慰他人的举动。比如，看到小伙伴悲伤、难过，宝宝可能会递给对方玩具。宝宝也乐于尝试帮父母清扫、摆放椅子、收拾东西。
2~3岁	这个年龄段的宝宝，看到别人痛苦，常常自己也会不安。他们会对伤心的同伴表现出某种同情和怜悯。如果父母引导儿童考虑别人的需要，那么儿童就更乐于分享。
3~4岁	宝宝乐于在假装游戏中，表演帮助其他小朋友。
4~6岁	宝宝能在真实的场景中帮助其他人，比如，安慰、扶起跌倒的小伙伴，帮助小伙伴搭建东西，等等。

3. 不利于培养儿童亲社会行为的教养方式

攻击性儿童、反社会儿童的父母教养态度和行为有以下几个特点：

● 暴戾而不一致地管教：对宝宝的行为缺乏关注与管理，很少参与儿童的活动。

● 专制：生活中对宝宝冷漠、严厉，要求很高。还经常有身体惩罚或言语责骂。如果宝宝觉得惹父母不高兴会遭到痛打、踢打和推搡，那么他们在遇到惹自己不高兴的同伴时，也可能会采取相同的反应方式。

- 纵容、溺爱：平时对宝宝缺少管束，过于放任宝宝的言行。往往会忽视宝宝许多暴发性的攻击行为，使得好斗行为合法化，不能给宝宝控制攻击冲动的机会，也不教宝宝如何控制冲动。
- 忽视宝宝感受：经常忽视他的需要，对宝宝缺少关心，缺乏敏感性，当宝宝出现错误时才给予注意。
- 错误判断宝宝的问题：把问题或过失归因于宝宝自身。

二、关于宝宝的攻击行为，父母需要了解

1. 什么是攻击行为

攻击行为是指宝宝有意与别人发生冲突，伤害他人，损坏或抢夺他人物品的行为。攻击行为是儿童个性和社会性发展的一个重要方面，其发展状况既影响儿童人格、品德和良好行为的形成和发展，同时也是宝宝是否能成功融入社会的重要指标之一。

宝宝常见的攻击行为

攻击行为	具体表现
躯体攻击	打、踢或者推别人，窃取、隐藏、破坏别人的东西，身体威胁。
言语攻击	给别人起外号，取笑、嘲弄、嘲讽他人，用语言或其他方式侮辱他人，骂人。
间接攻击	又称关系攻击或心理攻击。比如，拒绝和某人说话，把某人排斥于集体活动之外，散布某人的谎话或谣言，等等。

2. 宝宝攻击行为的发展

0~1岁

虽然宝宝也会生气，偶尔也会打人，但是很难把这种行为看成是故意攻击。6个月的宝宝似乎不会因为同伴抢夺自己的物品或侵占自己的空间而烦扰，但到了12个月，他会用保护性攻击应对同伴对他的"招惹"。

1~2岁

攻击行为萌芽。宝宝开始想要抢其他儿童正在玩的东西。

2岁以后

同伴之间的冲突行为大量下降，这可能反映了儿童有效解决冲突的能力正在提高。在玩具紧缺时，2岁儿童比1岁儿童更有可能用协商和分享等和平的方式解决问题，而非采用互相打斗等武力攻击的方式解决冲突。

随着年龄的增长，幼儿园大班的宝宝以及小学低年级宝宝表现出来的身体攻击逐渐减少，取而代之的是"言语攻击"和"心理攻击"。比如，嘲弄、奚落、散布谣言或是给别人取贬损性质的外号等。虽然大多数年长儿童的争执有工具性目的。比如，拿到玩具，但他们的攻击行为中那些想要伤害别人的敌意性攻击意图概率逐渐增高，因此一旦爆发身体的攻击，通常会很激烈。

3. 能够有效控制或减少儿童攻击行为的教养方式和态度

- 权威教养：父母掌控宝宝的日常生活情况，同时也给予关注和温暖接纳。
- 讲道理：对儿童的不良行为采用讲道理劝服的方式。

● 经常发现宝宝身上值得称赞的温情和关怀的亲社会行为或优点。

需要提醒的是，宝宝并非单向地受父母的影响，他们自身的特质也会影响到父母对他们的教育方式和亲子关系。虽然父母的教养方式对宝宝行为的影响很重要，但这并不意味着宝宝出现攻击行为便全是父母的错。比如，一个活跃、冲动的男孩可能会让父母精疲力竭，最后对儿子的攻击行为变得越来越容忍；这样的宝宝也可能会激怒父母，使父母觉得对他的行为忍无可忍，只能对他咆哮或是体罚，但这一行为又进一步增加了儿子养成好斗、粗暴行为模式的可能性。

三、培养宝宝的亲社会行为，减少攻击行为，您可以这样做

1. 给宝宝良好的成长环境

成为宝宝的好榜样

宝宝看到别人合作、帮助、分享和给予的行为越多，他们自己也更容易那样做。因此，成人要发自内心地做出榜样行为，促使儿童表现出相似的友好行为，帮助儿童认同友好互助等观念并以此作为自己的行动准则，从而促进儿童亲社会性的发展。此外，电视、图书、木偶剧中的人物都能成为儿童亲社会行为的榜样。需要注意的是，父母需要避免言行不一致的情况：

● 强迫宝宝帮助别人，但自己却不肯给别人提供帮助。

● 教导宝宝合作是一种美德，但在自己需要与他人合作时

显得很勉强。

● 坚持宝宝必须永远诚实，但自己却偶尔撒点小谎。

营造良好的家庭氛围

不良的婚姻关系、家庭关系，父母之间、家庭内部不断地争吵和相互攻击，也会让宝宝耳濡目染，错误地以为攻击是解决问题的主要办法。家庭内部持续的冲突可能使宝宝与兄弟姐妹、同伴形成敌意攻击的互动模式。此外，父母间的冲突往往会损害父母给予子女关爱和支持的能力，这些都会给宝宝带来一定的负面影响。

营造非攻击性的环境

营造一个尽量减少冲突发生的游戏环境，可以简便有效地减少儿童攻击性。父母可以这样做：

● 拿走或者拒绝买一些具有"攻击性"的玩具。比如，枪、坦克及橡胶匕首等。

● 避免让宝宝观看有暴力情节的影视节目。

● 避免让宝宝玩暴力电子游戏。

● 提供足够的玩具，避免宝宝为了有限的资源而竞争。

提供足够的空间让宝宝进行激烈的游戏，以减少和消除意外的碰撞、推挤和摔倒，而这些经常会升级为敌意行为。

需要提醒父母注意：在宝宝时期，有一定水平的身体攻击是比较正常的，对大多数宝宝来说，这类攻击到了童年中期会变得很少。因此并不建议您给宝宝创造一个完全没有冲突的真空世界。宝宝之间的冲突具有适应意义，它让宝宝、学步儿和学前儿童有机会学习在不诉诸武力的情况下协商并实现他们的目标。如果成人能有效干预，鼓励宝宝和睦地解决冲突，更能帮助宝宝提高社交技能。

2. 引导宝宝的行为

对宝宝进行共情能力的训练

共情能力的训练能提高宝宝的分享、安慰、保护等亲社会行为。常见的两种方法是：

● 情境讨论：与宝宝共同阅读绘本或者故事书，接着和宝宝讨论书中的内容，使宝宝体验故事中人物的情感。这个方法适合幼儿园中班以上的宝宝。

● 角色扮演：让宝宝扮演故事中类似的角色，让他们自由抒发其对角色的感受。这种方法适合幼儿园大班和小学一年级的学生。

引导宝宝内在的友善

越认为自己友善、慷慨大方或富于同情心的宝宝，越会对别人友善。因此，父母可以引导和鼓励宝宝认为自己是一个友善的人。父母表扬宝宝的时候不能泛泛而谈。比如，只是说"你是一个乐于助人的人"，而是要提到宝宝的具体言行，并且归因要指向宝宝善良的、内在的动机。比如，可以这样说：

● "你愿意分享，因为你是一个乐于助人的人。"

● "帮我把玩具收起来，因为你是一个乐于助人的人。"

● "你帮小朋友把那么多的书都拿来了，你真是帮了他的大忙了！"

为宝宝创造合作与帮助他人的机会

父母可以在日常生活中，有意识地为宝宝安排一些需要合作才能完成的事情。在家中可以与父母一起承担力所能及的家务活。比如，收拾餐桌、叠被子等。

带宝宝聚会或者出去玩的时候，父母可以不时地为宝宝提供一些帮助他人和接受他人帮助的机会。更重要的是，让宝宝有机会成为助人者和被帮助的人。比如，在宝宝向你寻求帮助时，尽量找另一个可以胜任的宝宝来帮助他。比如，让同龄的伙伴来安慰不高兴的宝宝。

帮宝宝识别别人需要帮助的信号。比如，可以说："看看莉莉，她多吃力呀，快帮帮她吧。"还可以鼓励宝宝寻求别人的帮助。比如，让他们学会说类似这样的句子："我一个人抱这堆书实在太难了，谁来帮帮我。"

避免用竞争作为激发宝宝亲社会行为动机的最主要手段，如"看看谁收得玩具最多""画得最好的，会贴在橱窗里"等。这些都是鼓励竞争，而不是合作，这将让宝宝立即意识到只能有一个胜利者，如果帮助他人或与别人合作就会妨碍自己取胜。

对宝宝的亲社会行为进行奖赏

● 关注、称赞和欣赏宝宝所尝试的助人、合作和友善的行为，哪怕他的能力很有限。

● 不要等到出现某些特别惹人注目的事情才给予奖励，勿以善小而不"奖"。比如，帮别人拿东西，与别人友好相处，或者只是鼓励别人都应该被称赞。

● 注重宝宝之间的合作，要给予适当的团体奖励。

● 用微笑和积极的话语来表达称赞和欣赏，避免用糖果、小红花、贴纸等具体的东西去奖励。用具体的奖励去管理和鼓励宝宝的亲社会行为，结果往往事与愿违，会让宝宝误把自己的行为解释为想得到这些奖励物，而不是因为他人需要帮助和自己友好待人的本意。

父母要避免以下做法：

● 用消极的眼光评价宝宝，看不到宝宝为亲社会行为所做的努力，哪怕他们努力的结果适得其反，或者变成添乱，也要对他们的动机给予鼓励。

● 用消极的对比或竞争的方式向宝宝展示亲社会榜样的行为。比如说："你看看牛牛，他那么有礼貌，你怎么就不能学学他！"

● 迫使宝宝做出一些虚假的亲社会行为，比如，要求宝宝违心地夸奖别人。

● 不分情况，不合理地要求宝宝在任何时候都分享任何东西。

四、关于宝宝的社会性行为，您的困惑和需要注意的问题

1. 宝宝很热心，但是总被拒绝，怎么办

简而言之，你要支持他们。如果宝宝提供的帮助被对方拒绝，或者帮助的结果适得其反，很可能会打击宝宝的助人热情。如果发生了这种情况，要及时向宝宝表示你能理解他们的失望或挫折；和宝宝讨论当时的情况，尽可能地帮助宝宝理解这种结果。如果你也不明白是什么导致了他们的失败，那么请记住"一

句轻柔关爱的话，是宝宝唯一需要的安慰"。

父母还可以指导宝宝，帮助他提升自己的帮助和合作的技能，让宝宝能够了解他人的需求，预期自己行为的结果，想出各种办法解决彼此间出现的问题。在日常生活中，父母可以运用以下策略：

● 用一些简单的图、木偶、小故事或真实的榜样来解释亲社会行为的准则。

● 让宝宝回忆并复述以前所观察到的亲社会行为。

● 在与宝宝玩耍时，和宝宝轮流扮演帮助者和被帮助者。

● 在游戏中教宝宝合作和觉察别人需要，帮助他识别在什么情况下决定帮助别人或合作，以及什么情况下最好不合作。

● 帮助宝宝了解在特定的情境下，适宜选择哪种帮助和合作的形式。

可以直接告诉宝宝："有时，人们不高兴时，安慰他们可能会对他们有所帮助。"此外，还可以教宝宝学会这样几个问句："你需要帮助吗？""我怎么才能帮到你？""你需要什么？""你希望我做什么？"父母自己也可以常常问宝宝这几个问题。

2. 宝宝是个小霸王

很多父母对于自己宝宝的攻击行为可以说是"零容忍"。看到自己的宝宝打了别人家的宝宝，或者抢了别人家宝宝的玩具，通常都会批评自己家宝宝，甚至会打宝宝。但实际上以暴制暴的做法十分不可取。虽然疼痛可能暂时让宝宝顺从，但大量的证据表明，体罚只会增强而不是降低宝宝的攻击行为，并且会带来很长时间的不良影响。

首先，当成人经常粗暴地打、拳击、推、摇、挤、捏宝宝时，他就成了宝宝模仿攻击行为的榜样。其次，即使体罚让宝宝知道自己做错了，也不会让宝宝知道用什么方法取代攻击行为，因为体罚本身也是一种攻击行为。最后，宝宝往往把体罚看作报复的一种方式，他们在与同伴交往中很快就学会了用同样方式报复别人。更好的方式是采用情感解释法教育宝宝，培养宝宝的同情心。父母可以采取以下步骤：

● 不要向宝宝的攻击行为让步。

● 当宝宝出现攻击行为时，父母要控制好情绪。比如，要避免对宝宝大喊大叫，避免体罚宝宝，等等。这些方法可能引起宝宝的恐惧、生气和怨恨，但对于帮他们控制内在的攻击性并没有什么作用。

● 采用暂停法控制宝宝的攻击行为，把宝宝送到他自己的房间（或其他地方）直到他能冷静下来。

● 在宝宝冷静下来之后，教导宝宝理解别人的情感。

● 帮助宝宝理解自己的行为与该行为引起的别人的痛苦之间的关系。

● 向宝宝建议、示范怎样才能弥补自己行为造成的伤害。比如，对宝宝说："不要这样！你把小明弄哭了，抢别人的玩具可不好！你应该把玩具还给他，并向他道歉。"

● 解释为什么某行为是错误的，应该改正。

● 发现宝宝身上值得你赞赏的温情和关怀的亲社会行为。

虽然对那些习惯于呵斥宝宝和强调宝宝消极方面的父母来说，这么做很困难，但父母的关爱和赞同将会强化好的行为，最终引发宝宝表现出关爱之情，这是家庭氛围好转的信号。

● 对于同一种攻击行为，在不同的时候，父母的处理方法和态度要保持一致。要不然，宝宝可能会感到困惑，不知道究竟应该怎么办。

● 不妨建立一个记分系统，当宝宝表现出可接受的行为或放弃不可接受的行为时，可以获得相应的积分，或是奖励、特权。

3. 宝宝总是特别友好、大方

有些宝宝似乎总是特别友好、大方。别人要玩他们的玩具，抢了他们的东西，他们似乎完全无所谓，显得很平静。有些父母可能会认为这表明宝宝很谦让、友好。但如果宝宝总是如此，就要引起父母的注意了。宝宝是否过于胆怯，不敢捍卫自己的正当权利？或者过于顺从，宁可违背自己的意愿，也不愿意违背他人？父母平时的管教是否过于严厉？父母可能很盼望自己的宝宝十分听话和乖巧，但从宝宝的心理健康角度而言，过于顺从，可能意味着宝宝自我意识的形成遇到了一些困难。

4. 宝宝的攻击行为到了什么程度，需要引起注意

在判断宝宝的攻击行为是否已经超出了正常的状况时，可以从攻击行为的数量、攻击行为的目的和意图来判断。

一般来说，宝宝的坏脾气在学前期逐渐减少，通常在4岁后就很难见到了。

按照攻击行为的目的，攻击性行为可以分为敌意性攻击和工具性攻击。敌意性攻击的主要目的是伤害对方。比如，一个宝宝故意打、咬或者踢另一个宝宝，嘲弄、奚落别人，或是毁坏他人的东西。而工具性攻击是指一方把伤害另一方作为一种手段。比如，宝宝在抢其他宝宝的玩具时把对方撞倒。

按照攻击行为的意图，可以将攻击行为划分为主动性攻击和反应性攻击。主动性攻击指儿童在未受挑衅的情况下所实施的故意的、有目的的攻击行为。对于儿童来说，这类攻击行为主要表现为物品的获取和欺负、控制同伴等。有主动性攻击的儿童被称为主动型攻击者。反应性攻击指儿童面对挑衅或挫折时愤怒的防御性反应，主要表现为愤怒、发脾气或失去控制等。这一类的儿童被称为反应型攻击者。

攻击性是一种相当稳定的特质，儿童在3～10岁间表现出的喜怒无常、脾气暴躁和攻击行为的数量越多，他们以后生活中出现攻击或其他反社会行为的可能性越大。如果宝宝在4岁以后，仍然喜怒无常、脾气暴躁，有很多明显的攻击行为，尤其是有比较多的敌意性攻击和主动性攻击，父母需要引起注意，如果在进行干预和恰当的引导之后，情况仍然没有缓解，建议寻求专业机构或心理咨询师的帮助和引导。

五、促进宝宝社会行为的亲子游戏

1. 你一半，我一半

游戏玩法：爸爸妈妈和宝宝一起分香蕉，一边开心地分，妈妈一边说："香蕉香蕉大又大，妈妈妈妈吃不下，妈妈一半爸爸一半。"爸爸说："谢谢妈妈。"然后爸爸把一半香蕉接着分，一边开心地分，一边说："香蕉香蕉大又大，爸爸爸爸吃不下，爸爸一半宝宝一半。"然后大家都开心地吃一口。

接下来，让宝宝先模仿爸爸妈妈开始分香蕉。

适合年龄：1岁以后

游戏解读：让宝宝从中学会模仿，体会分享的快乐。

2. 背上画画

游戏玩法：妈妈和宝宝或者宝宝们两两一组，一前一后坐好，后面的人对着前面人的后背。游戏开始，后面的人在前面的人的背上画任意图形。比如，三角形或圆形，也可以写数字，等等。前面的人要根据自己的感觉猜一猜画的是什么图形。过一段时间后两人交换位置。

适合年龄：5岁以后

游戏解读：在协作游戏中，宝宝们并不是以个人为单位，与其他游戏参与者对抗来成为最终唯一的赢家，而是要与他人一起合作来达到游戏目标。

第9章 宝宝社会行为的发展

父母可以这样帮助宝宝适应

不良的家庭关系会让宝宝耳濡目染，错误地以为攻击是解决问题的主要办法。

尽量减少冲突发生的游戏环境，可以简便有效地减少儿童攻击性行为。

让宝宝扮演故事中不同的角色，让他们自由抒发其所理解的角色的感受。

父母可以在日常生活中，有意识地为宝宝安排一些需要合作才能完成的事情。

妈妈可以告诉宝宝什么情况下，别人需要他的帮助。

关注、称赞和欣赏儿童所尝试的助人、合作和友善的行为。

延伸阅读 自闭症

　　自闭症又称孤独症(autism)，是一种因神经心理功能异常而导致交流、社会交往和行为三方面同时出现严重问题的综合征。自闭症的一个关键症状是难以与他人建立关系，无法与他人进行情感交流。自闭症患儿很难表达情感，对他人所表达的情感信号也很不敏感或无法做出反应。自闭症患儿难以理解手势、面部表情、语气或带有情绪的事件等不同的情绪信号。自闭症是一种罕见的疾病：每1万名儿童中只有2～4人患病；如果使用较为宽松的标准，每1万名儿童中患病人数可以上升到20人。

　　宝宝自闭症的早期迹象：

- 没有眼神接触（比如，你在母乳喂养或给宝宝喂吃的时候，他不看着你）。
- 该笑的时候不笑。
- 家人喊他的名字，他总是没有反应。
- 无法用目光追随物体。
- 不会和家人用手势进行沟通，比如，挥手告别（1岁以上）。
- 不会发出声音引起妈妈的注意。
- 不会主动拥抱他人，或抗拒别人的拥抱。
- 不会模仿妈妈的动作和表情。
- 不会主动伸手捡起东西。
- 不会与其他人玩耍，或者不会与其他人分享，不享受与他人共处的时光。
- 不会寻求帮助（用声音、动作或表情）来满足自己的基本需求。

如果在以下月龄出现以下发育延迟的情况，应立刻请儿科医生进行评估：

- 6个月：没有大的笑容或其他温暖、欢乐的表情。
- 9个月：对声音、笑容或其他面部表情缺乏相应的反应。
- 12个月：对自己的名字缺乏回应；还没有开始咿呀学语。
- 16个月：无法说出完整的单音节词语。
- 24个月：除模仿或重复外，无法独立说出有意义的词语或短句。

第10章
宝宝的性别角色与性心理发展

我家女儿怎么像个假小子！
我家儿子总是哭哭啼啼的，不像个小男子汉。
宝宝总是摸小鸡鸡，怎么回事啊？
宝宝问我他从哪里生出来的，弄得我好尴尬。

或许您正为这些问题而苦恼。本章将为您介绍宝宝的性别角色与性意识的发展，以及如何帮助宝宝适应自己的性别角色。

要点提示

● 社会中的每一个成年人都会自觉或不自觉地按照性别角色的标准来要求男孩和女孩。但这些标准有时只是一些偏见或者社会赋予的刻板印象，并非都是合理的。

● 父母可以帮助宝宝认识到宝宝自己是男孩或女孩，并且认识到性别是不可改变的。

● 虽然男性与女性生理上的差异非常明显，但是，心理功能方面的性别差异却并不像大多数人误以为的那样明显。因此，不要因为宝宝的生理性别而限制了宝宝的发展。

● 告诉宝宝与其年龄相符的、正确的性知识能够帮助宝宝安全健康地成长，并更好地保护他的身体。

● 父母应该了解宝宝性意识的发展情况，知道哪些行为会在哪个年龄段出现，把它视为正常现象，并予以正确的引导。

一、关于宝宝的性别角色发展，您需要了解

性别角色是指由于人们的性别不同而产生的符合一定社会期待的品质特征，包括男女两性所持的不同态度、人格特质和社会行为模式。

● 性别角色虽然是以生理上的性别差异为基础的，但它本质上是社会文化发展的产物。

● 社会中的每一个成年人，都会自觉或不自觉地按照一定的性别角色标准来要求男孩、女孩。但这些标准，有时候只是一些偏见或者刻板印象，并非都是合理的。

1. 与儿童的性别角色发展有关的3个重要概念

性别认同：指儿童对自己和他人性别的确认。儿童主要根据头发的长短及服饰的特点来确认性别。

性别稳定性：指儿童认识到自己和他人的性别不随其年龄、情景等的变化而改变。

性别恒常性：指儿童认识到自己和他人的性别不因外表(如发型、衣着)和活动的改变而改变。儿童一般要到六七岁才能获得性别恒常性的认识。

2. 宝宝性别角色的发展特点和规律

儿童性别角色发展的3个方面：

● 认识到自己是男孩或女孩，并且知道性别是不会改变的。

● 理解男性和女性是什么样子的，认识到社会对男性和女性的期望。

● 具有与自己的性别相符的活动倾向和行为表现。

儿童形成性别角色的第一步是区分男、女，并且把自己归到其中一类，即形成性别认同。性别认同的大致发展规律如下表。

不同年龄的性别认同发展规律

年龄	发展规律
6个月	能通过声调的差异来判别女性与男性的话语。
1岁	能准确区别男性和女性的照片（如女人是长头发的），可以把男性与女性的声音和面孔进行匹配。
2~3岁	几乎大部分的宝宝都能准确地知道自己是男孩还是女孩。与此同时，他们开始形成性别角色的刻板印象。不过还不能理解性别恒常性。
3~5岁	许多宝宝仍然认为，一个人变换衣服与发式后可以变成另一种性别的人。在这个阶段，男孩可能比女孩更不喜欢异性的玩具和游戏，比起一个喜欢女孩游戏的男玩伴，男孩们可能更喜欢一个喜欢男孩玩具的女玩伴。
5~7岁	此时宝宝开始懂得性别不可改变。这个时候大多数的宝宝对自己是男孩还是女孩有了稳定的性别认同。

父母可以通过一些简单的问题，了解儿童对自己的性别认同情况，以及对性别稳定性和性别一致性的了解：

● 你是男孩还是女孩？为什么？

143

● 你以前是男孩还是女孩？现在呢，以后呢？

● 当着宝宝的面，改变卡通人物的服装或发型，然后问宝宝，它是男孩还是女孩？

3. 性别差异并没有想象的那么多

虽然男性与女性生理上的差异非常明显，但是，心理功能方面的性别差异却并不像大多数人以为的那样明显。两性只在很少的领域表现出明确的两性行为差异。并且，由于这些差异是基于群体的平均水平，因此不是所有宝宝都会反映出那些差异。实际上，大多数的发展心理学家都赞同这一点：男性与女性在心理上的相似点远远多于不同点。

许多发展心理学学者认为，严格定义性别角色标准实际上是有弊端的，因为它们限制了男性和女性的行为。从20世纪70年代起，心理学家提出了心理双性化的概念，即从心理角度来看，人们可能同时拥有男性化与女性化特质。也就是说，一个人可能既果断（传统意义上的男性特质）又敏感（传统意义上的女性特质），既独立（传统意义上的男性特质）又善解人意（传统意义上的女性特质）。心理双性化的人行为弹性更大，社会适应性更强。

二、关于宝宝性意识的发展，您需要了解

随着宝宝性别角色和性别概念的发展，他们开始对自己和其他人的身体感到好奇。尽管与宝宝探讨他身体的变化和有关性的知识有些尴尬，但是告诉宝宝与其年龄相符的、正确的性知识能

够帮助宝宝安全健康地成长，并更好地保护他的身体。作为父母应该知晓宝宝性意识的发展情况，知道哪些行为会在哪个年龄段出现，不必大惊小怪，进而予以正确的引导。

1. 学龄前儿童常见的与性相关的行为

● 不管男孩、女孩都可能在公开场合或者独处时探索和触碰私处。

● 摩擦生殖器（用手摩擦或者用生殖器蹭某些物体）。

● 向他人展示自己的隐私部位。

● 尝试着触碰妈妈或者其他女性的胸部。

● 当他人裸体或者脱衣服时，试图观看。

● 询问自己或者他人的身体部位的功能。

● 和同龄人谈论"排便"和"小便"。

● 热衷于看别人上厕所。

2. 学龄儿童常见的与性相关的行为

● 有目的地触碰私处（为了能让自己感到舒服一些），有时会在他人在场的情况下发生。

● 当他人裸体或者脱衣服时，努力争取看到。

● 当谈论隐私部位时会用一些"下流"的话，尽管他们并不知道是什么意思。

● 和同龄宝宝探讨身体的隐私部位，如"扮演医生的角色""你给我看我就给你看"等。

● 模仿约会的行为（如亲吻、牵手）。

3. 如何判断宝宝与性相关的行为是否正常

宝宝在相应的发展阶段出现上述行为很正常，而且这些行为一般还有以下特点：

- 行为通常发生在经常一起玩，比较熟识的小朋友之间。
- 通常发生在同龄人之间。
- 这些行为是毫无计划地自然发生的。
- 是自愿的（参与其中的宝宝都同意，没有被迫或者不舒服）。

宝宝的这些行为很容易被引导。一般来说，只要父母喊停或向他们解释为什么有些事情不能做时，他们大多数都听从父母的意见。但如果出现下述行为，父母应重视：

- 与性有关的行为明显超越了宝宝现有的年龄阶段。
- 行为中包含威胁、强迫和攻击。
- 父母对宝宝的行为喊停的时候，宝宝产生很强烈的情绪反应，如愤怒和焦虑等。

三、引导宝宝的性别角色和性意识发展，您可以这样做

1. 帮助宝宝悦纳自己的性别

了解性别差异，告别性别误区

大量的研究表明，男孩和女孩只在很少的领域存在差异，而且其中大多数差异是微弱的，并且这种差异仅限于男孩群体和女孩群体的比较，并不代表你的宝宝一定在其中的所有方面都表现出和另一性别的差异。现在，许多发展心理学学者认为，严格定

义的性别角色标准会限制宝宝发展的可能性。建议父母：

● 认真分辨自己对于男性和女性的认识和印象，看看哪些合理，哪些不合理。

● 喜欢宝宝的生理性别。

● 不要因为宝宝的生理性别而过度限制宝宝的发展。避免总是要求男宝宝应该做什么和不应该做什么，或女宝宝应该做什么和不应该做什么。

不要误导宝宝的性别意识

很多父母在怀孕前对宝宝的性别有所期待。当发现宝宝的性别和自己期望的不符之后，有些父母能够很快地接受，而有些父母却难以释怀。建议父母放弃以下可能会误导宝宝性别意识的做法：

● 故意给男宝宝穿女宝宝的衣服，或者给女宝宝做过于中性的打扮。

● 对宝宝的性别感到不满，或者嘲笑宝宝的性别。

● 有意无意地流露出自己想要的是另一个性别的宝宝的想法。

2. 帮助宝宝掌握与性有关的知识

● 告诉宝宝，随着年龄的增长，男孩和女孩的身体都会发生变化。

● 简单地向宝宝解释宝宝是如何在妈妈子宫里成长，以及如何出生的。

● 告诉宝宝人际互动的界限与尊重。比如，保证隐私部位不外露，不要触碰其他小朋友的隐私部位。

● 对于宝宝对身体或者身体功能的疑问给出简单可理解的

回答。如果宝宝不主动问，不需要刻意告诉宝宝。

● 告诉宝宝，不要随便触摸身体的隐私部位。

3. 教导宝宝如何保护自己不受侵犯

父母要告诉宝宝：

● 你可以拒绝任何人的触摸和亲吻。

● 任何人都不可以触摸你身体的隐私部位或者让你触摸他的隐私部位，即使是你认识的人，也不可以。

● 如果别人侵犯了你，不尊重你的意愿，那不是你的错。

● 如果陌生人试图让你跟他走，要赶紧跑，告诉父母、老师、邻居、警察或其他你信任的人。

四、关于宝宝的性别角色和性意识发展，您的困惑和需要注意的问题

1. "假小子"vs像女孩的男孩

从心理角度来看，人们可能同时拥有男性化与女性化特质。但由于性别刻板印象的存在，那些具有两种性别气质的宝宝，可能会被父母责备、被同伴排斥。比如，喜欢追逐打闹游戏的女孩和特别喜欢玩过家家游戏的男孩都很容易被同伴排斥、被成人批评；敏感、愿意照顾人的小男孩可能被视为没有男子气，而独立、果断、有胆量的女孩可能会被认为是假小子。

让女孩和女人变得有一些男子气，男孩和男人有一些女性气质，并没有害处。父母需要减少性别歧视，改变自己对性别的刻

板印象，鼓励宝宝在他们本可以表达的兴趣与特性方面变得更具有弹性。父母可以这样做：

● 教给宝宝生殖解剖学知识，告诉他们，在生殖领域以外，一个人的生物性别并不重要。

● 既鼓励宝宝玩传统意义上与自己性别一致的游戏，又鼓励他玩传统意义上异性的游戏。

● 平等地分派家务。比如，爸爸也会做饭和打扫卫生，妈妈偶尔也做一些修理工作。

● 与宝宝讨论性别刻板印象的反面信息。

2. 宝宝对别人的身体充满好奇

从2岁左右起，宝宝开始对自己或者他人的身体产生好奇，可能会出现一些探索行为，比如，观察自己和别人的身体。遇到这样的情况，父母首先要明白这是宝宝的一种正常行为，不要责骂他们。

父母可以对宝宝说："对自己或者他人的身体好奇是正常的、可以接受的。"父母可以把这样的行为当作一种信号：宝宝需要了解这方面的知识，并向宝宝讲解和提供一些符合他们年龄发展阶段的、他们能够理解的性知识。但是也不要一下子全部灌输给宝宝，最好能依据宝宝自己的疑问慢慢引导他们。最关键的一点在于父母要向宝宝传达这样一个信息："你有任何疑问并且想知道的答案都可以问我，我会给你回答！"

另外，父母应该熟识并了解宝宝在电视或者网上所观看的节目、视频的内容，并对内容进行严格把关。

3. 妈妈，我从哪里来

几乎所有的宝宝都对这个问题很有兴趣。很多父母对这个问题既期待，又想逃避。通常，当宝宝能够自发提问时，说明他很可能已经有了自己的一些想法。因此，很有用的做法是，在回答宝宝之前，先让宝宝说说他自己的理解。

如果宝宝问你："妈妈，我从哪里来的？"你可以回应："跟我说说，你认为宝宝是从哪里来的。"还可以这样说："那么，你是怎么想的？""你先猜猜看，猜不对也没关系。"这样就能先了解宝宝的理论，再帮他弄清楚事实。在这个过程中，不管宝宝的回答多么荒诞，父母都不应该嘲笑他，以免让宝宝觉得很尴尬或自己很笨。

宝宝吸取知识需要过程，了解有关自己从哪里来的性教育，可能要持续很长的一段时间。把所有的信息一股脑全告诉宝宝，会让宝宝难以吸收，并且导致父母没有机会先处理宝宝的错误概念，这样会让宝宝更加困惑。此外，即使已经告诉了宝宝某些事实，但他们还会有自己的加工和理解。当他们再次问和自己的出生有关的问题时，仍然要先问宝宝能否把他已经掌握的知识解释一下，然后再回答宝宝的新问题。

第10章 宝宝的性别角色与性心理发展

父母可以这样帮助宝宝适应

妈妈带宝宝认真分辨对于男性和女性的印象，看看最基本的认知有哪些不同。

不要因为宝宝的生理性别而过度限制宝宝的发展。

告诉宝宝，在你不喜欢的时候，你可以拒绝任何人的触摸和亲吻。

任何人都不可以触摸你身体的隐私部位或者让你触摸他的隐私部位。

如果陌生人试图让你跟他走，要赶紧跑，告诉父母、老师、邻居、警察或其他你信任的人。

平等地分派家务。如爸爸也会做饭和打扫卫生，妈妈偶尔也做一些修理工作。

第11章
宝宝**自我意识**的发展

2岁左右的宝宝总是把"不"挂在嘴边,该怎么引导呢?
宝宝总是将自己喜欢的东西据为己有,该怎么办?
"可怕的2岁"到底是怎么一回事呢?
宝宝不听话,我该不该在大庭广众之下严厉管教?
能不能用好吃的、好玩的来促使宝宝听话和形成良好的习惯?

本章将为您介绍宝宝自我意识发展的重要性,介绍了在宝宝成长的不同阶段,自我意识是如何表现的,并引导您尊重宝宝自我意识。

要点提示

- 叛逆是宝宝自我意识发展的重要表现。
- 年龄较小的宝宝将喜欢的东西据为己有,这是自我意识发展过程中的正常现象,切忌为宝宝贴"不懂分享"的标签。
- 宝宝也有自尊,父母要尊重宝宝。
- 宝宝自尊的发展会对以后的学习、生活和社交活动产生深远影响。

一、关于宝宝的自我意识，您需要了解

1. 最初的叛逆是宝宝自我意识发展的重要表现

大多数父母都会发现，宝宝从大约18个月后越来越不好带，越来越不听话。然而，从发展心理学的角度来看，这个时期的"叛逆""不听话"恰恰意味着宝宝自我意识发生质的飞跃。

2. 呵护自尊这朵花

自尊是自我意识的一个方面，它受到自我评价和他人反馈两个方面的影响。一个对自己评价很高，但感受不到父母爱与尊重的宝宝，有可能发展出低自尊；同样，一个感受到父母的爱，但对自己的能力没有信心的宝宝也有可能发展出低自尊。两方面相互平衡是发展健康自尊所必需的。自尊的发展始于婴儿期，不断发展变化，持续至成年期。

高自尊宝宝的表现有：与他人互动和在社交场合比较自在。遇到困难时，倾向于寻找解决的方法，而非抱怨、歧视或鄙视他人，也不自我贬损。比如，高自尊的宝宝很少说"我是傻瓜"，他们会说"我不理解"。他们善于接纳自己的优缺点，乐观开朗。

低自尊宝宝的表现有：不喜欢尝试新的事物，并经常负面地评价自己。比如，"我很笨""我从来学不会这个""有什么意义呢？反正没人在乎我"。他们很容易沮丧、放弃、自己失望，倾向于将暂时的失败看成是永恒的结果，比较悲观。

二、关于宝宝自我意识的发展，您需要了解

宝宝的成长伴随着各种各样的尝试、失败、再尝试、再失败，直至成功的过程。在此过程中，宝宝逐渐对自我能力有了了解，同时在与父母和他人的互动中，自尊得以孕育并发展。其中，与父母的互动是宝宝形成正确、积极自我概念的关键。

1. 0~1岁

约1~4个月：构建物理自我的阶段

此阶段的宝宝没有自我意识，认为镜子及镜子中的映象就是真实的世界，这和完全没有自我意识的动物所处的阶段相似。比如，猫和狗会对镜子中的映象表现出各种攻击行为，它们以为镜子中的猫和狗是真实世界存在的一个完全不同于自己的生物。

相应的表现是，通过触摸自己的腿脚来感知自己的身体。

4~8个月：与环境互动阶段

这个阶段的宝宝会与环境互动，相应的表现是：通过肢体活动来使自己移动或弄出动静，逐步建立动作与结果之间的联系。比如，我用手按下这个按钮（动作），房间就亮了（灯被打开了）。

8~12个月：主动探索环境阶段

这个阶段，宝宝开始会爬了，爬行是宝宝发展过程中的重要里程碑，他们可以通过爬行来改变自己的位置，通过自己的一系列动作来改变周围的环境，这些认识促使宝宝自我意识的发展，自我意识开始萌芽。

2. 1~3岁

12~18个月左右：定位阶段

宝宝逐渐学会走路，看世界的视角发生了变化，主动探索世界的能力进一步发展。18个月左右的宝宝已经有能力探索镜子中自己的身体移动与自己所做的动作之间的关系。比如，他们已经知道"抬起胳膊，镜子中的那个人也会抬胳膊"。

约18个月以后：认同阶段

18个月以后的宝宝已经开始知道镜子中的人就是自己。如果父母偷偷地在他的额头上贴一张便笺纸，让他照镜子，当他发现镜中人的额头上有一张纸，他会用手去触摸自己的额头并把纸拿走。这标志宝宝的自我概念已经出现，能够建立自我与镜子中的人之间的联系。

2岁左右，宝宝会出现自我意识发展的第一次飞跃，他们可以从照片或视频中认出自己，可以用人称代词"你"和"我"来称呼自己和他人，并知道自己的名字。这个阶段的宝宝有了自我的意愿，凡事想自己做，开始乐意说"不"，物权意识也逐渐显现。父母会开始觉得这个年龄的小朋友不好带，不听话甚至有些难缠。

3. 3岁以后

约3岁以后：自我永久性阶段

3岁左右的宝宝已经认识到虽然时间和空间都在变化，但我还是我。比如，看过去拍的照片，知道那是小时候的自己；看公园里拍的照片，也知道那是自己。然而3~6岁宝宝的自我概念比较简单，与具体的拥有物和行为紧密联系。

学龄期以后：自我意识阶段

这个阶段对自我的认识不单停留在第一人称的视角，同时会从第三方的视角来审视自己；不仅关心"我"是什么样的人，也关心在他人心目中自己是什么样的人，公众性的自我意识开始出现。

三、促进宝宝自我意识的健康发展，您可以这样做

1. 尊重宝宝的发展规律，尊重他的物权意识

不擅自将宝宝的玩具送人或处理掉。比如，需送礼或处理，要事先征询宝宝的意见，为宝宝树立良好的榜样。

采用讲故事、读绘本等方式让宝宝明白玩具的归属性，区分所有权和使用权的差别。

了解小伙伴之间争抢玩具是一个让宝宝习得物权规则的好时刻。此时是完全交由宝宝自己处理，还是父母出面干预，要取决于宝宝的年龄和情绪反应。如果宝宝年龄过小，或者被抢玩具后情绪激动，父母应及时干预，在保证安全的前提下引导宝宝认识自己的情绪，发泄自己的情绪，并逐渐引入"轮流"分享的概念。

2. 积极看待和应对宝宝的"叛逆"

父母应了解宝宝心理发展的特点，当宝宝要自己做事时，可在确保安全的前提下尽可能地让宝宝尝试，并降低任务难度，让宝宝体会成就感。

减少宝宝说"不"的机会

以"选择式提问"代替"开放式提问",可以减少宝宝说"不"的机会。父母给宝宝两个或两个以上的选择(对于1岁左右的宝宝,两个选项即可)。这样能给宝宝一种"自己做主"的感觉,符合其自我意识发展、要求独立的特点。比如,晚上哄睡时,不要问宝宝"我们要不要睡觉了啊"(开放式提问),而要直接问"宝宝,你想要爸爸陪你睡还是妈妈陪你睡"(选择式提问),当宝宝做出选择后,他就比较容易配合了。

换一种方式,避免宝宝模仿

在与宝宝的对话中,尽量少说"不",降低宝宝模仿的可能性。当宝宝自我意识开始萌发之时,也就是父母逐渐向宝宝灌输规则意识之时,父母应逐渐让宝宝知道哪些事情可以做,哪些事情不可以做。但在不允许做的事情上,父母应注意措辞。比如,"不许横穿马路",可以换成"宝宝,过马路的时候,我们要走人行道";还有"嘴里含着东西不要说话"换成"嘴里的东西吃完咽下,再说话",等等。成功的秘诀就在于少说"什么不能做",而是直接、具体地告诉宝宝"可以怎么做",并手把手引导、支持宝宝做到。

3. 巧妙处理日常生活中与宝宝的冲突

有一位妈妈倾诉:我是一个全职妈妈,女儿2岁了。最近宝宝进入叛逆期,"不"字常挂嘴上。最困扰我的一件事情就是现在都出不了门,宝宝不要我帮穿衣服,说好了自己穿,却拿着衣服跑来跑去也不穿。我要是硬给她穿上，她又死命哭着脱下，但自己又不穿。我该怎么办？这时妈妈可以尝试以下的方法。

激发宝宝模仿父母的做法

自己先示范，激发宝宝的模仿意愿。妈妈自己先准备外出的行头，嘴里可以自言自语："外面天气可好了，我要出去看看有没有小鸟儿，花儿有没有开哦，我要出门晒太阳啦！宝宝要不要和妈妈一起啊？我们一起穿衣服……"（妈妈如果能联想到宝宝喜欢的动画片或者绘本里的相应场景会更好）妈妈要尽量表现出对外出的向往，充分调动宝宝的积极性。

过程游戏化

将穿衣服这个过程游戏化。比如，一起来比赛，看看谁穿得快。妈妈可以适当装得笨一点，积极鼓励宝宝。穿衣服遇到困难时，妈妈可以将繁杂的穿衣步骤拆分成一个一个简单的步骤，支持与鼓励宝宝自己完成。

控制自己的情绪

妈妈要控制好自己的情绪。情绪是相互影响的，妈妈情绪不好，强行要宝宝遵从，宝宝就会反抗，双方极易陷入负面情绪的恶性循环中。妈妈要多一些耐心和理解，从积极的角度解读宝宝的行为，努力和宝宝一起成长。

4. 呵护宝宝的自尊

多夸奖，少苛责；多鼓励，少表扬

宝宝通过父母对自己的反馈，逐渐形成自我评价。比如，宝宝在幼儿园比赛未拿到奖，情绪低落。这个时候父母不要批评他，但也不要泛泛地鼓励。可以这样说："没关系，继续努力，下次就能拿奖。"鼓励要落实到具体的事情和行为上。比如，"没关系，这次没拿奖，但爸爸妈妈为你所做的努力感到骄傲。"不要过于关注结果，而应关注过程，多夸夸宝宝的努力。

帮助宝宝正确应对挫折

由于能力所限，宝宝难免会受挫，而这恰恰是能帮助宝宝了解自己能做什么、不能做什么的关键时刻。对于成人来说，"我不能弹奏一首曲子""我不能靠踢球为生"是很正常的事情，对宝宝来说亦是如此。用一些温暖和幽默的话语帮助宝宝了解自己的长处和短处，强调宝宝的唯一性并及时表达对宝宝的爱。

做一个积极的榜样

父母要正确认识自己，悦纳自己，亲身示范。如果父母对自己的能力很悲观，不能清楚地了解和接纳自身的局限性，宝宝很可能以你为榜样，进而发展出低自尊。

营造一个安全的充满爱的家庭环境

父母要自然而真挚地表达自己的情感，宝宝会在与父母的互动过程中感知自己在父母心中所处的位置，从而发展起健康的自尊。当宝宝全心投入尝试某件事情时，父母要鼓励他们所做的努力，要频繁、真诚且基于事实地鼓励宝宝，但切忌过度。

及时纠正宝宝对自我的错误观念

如果不能及时纠正宝宝对自己的不良感知，这种错误的观念就会生根发芽，进而影响健康自尊的形成。比如，如果宝宝认为自己要去幼儿园是因为"如果我不去我就不是个好宝宝，爸爸妈妈就不喜欢我"，父母要及时纠正，鼓励他从一个更为客观的角度具体问题具体分析。比如，你是个好宝宝，爸爸妈妈都很爱你，你不喜欢幼儿园是因为你还没有适应那里的生活，我们慢慢来，爸爸妈妈陪你一起度过这个时期。

四、关于宝宝的自我意识，您的困惑和需要注意的问题

1."不"字总挂在嘴边，是怎么回事

经历了"我和妈妈是一体"到"我和妈妈是分开的"再到"我是我，妈妈是妈妈"不同的自我意识发展阶段后，宝宝终于意识到"我"的独立性。"不"字常挂嘴边，是宝宝认知发展上一种质的飞跃的表现，父母应给予鼓励和支持，而不是没有理由的厌烦和崩溃。

这个阶段的宝宝很多都是处于"眼高于手"的阶段，即他们什么都想自己来，但能力却达不到。因此，宝宝会时常受挫、脾气暴躁甚至大哭。父母应读懂他们大哭背后的意义，在鼓励与支持宝宝独立自主的前提下，引导宝宝逐步进行尝试。

2.宝宝总是将喜欢的东西据为己有，怎么会这样

在宝宝有了自我意识之后，会将这种意识泛化到具体的实物上，比如，"这是我的，那是我的，我的东西谁也不能碰""这个玩具在我旁边，这就是我的""我喜欢这个玩具，这就是我的"，等等。他们会花大量时间捍卫自己对物品的占有权。

这就是宝宝自我意识泛化到具体实物的具体表现，在宝宝

的世界中，"我喜欢的就是我的"，尚不能明白玩具的客观归属性。这个时候，父母切忌给宝宝贴上"自私""偷、抢"以及"不懂分享"的标签。

3. 宝宝在大庭广众之下哭闹、打小朋友，是否该严厉教育

父母可以换位思考，您自己若是在大庭广众之下被批评了，感受如何？

父母首先要懂得尊重宝宝，切忌武断地从成人的视角看问题。比如，年龄较小的宝宝还不懂得与人相处的方式，不知道如何表达自己，有时候很喜欢对方，也可能上去就是一巴掌，在大人看来，这就是"打人"了。因此，父母切忌武断，要了解事情的经过、宝宝的想法，再下结论。

即便宝宝真的打人或欺负别的小朋友，也尽量不要在大庭广众之下批评宝宝。在合适的场所采用合适的方式适当地惩罚宝宝，让他形成规则意识，是必须和必要的，但要建立在尊重宝宝和尊重事实的基础上，引导宝宝正确评价和认识自己，并渐渐接受这种规则。

五、培养宝宝健康自我意识的活动

1. 牵手阅读

让年龄大点的宝宝教年龄稍小的宝宝阅读。这项活动对大宝宝和小宝宝来说均受益无穷。

活动解读：这样做，会让大点的宝宝变得更加有耐心，让他们互相促进爱上阅读。同时也让他们彼此学会如何与对方相处。

2. 我能做

在家中为宝宝分配适当的家务活动，带领宝宝参与社区的志愿活动，等等。

活动解读：宝宝会在团队合作中逐渐了解到，每个人都有自己的优势和不足，要互相取长补短，这有助于他正确地认识自我和悦纳自我。

父母可以这样帮助宝宝适应

8~12个月宝宝开始通过爬行来改变自己的位置,自我意识开始萌芽。

18个月左右的宝宝有能力探索在镜子中的身体移动与自己的动作之间的关系。

2岁左右的宝宝可以从照片中认出自己。

3岁左右的宝宝已经认识到虽然时间和空间都在变化,但我还是我。

让年龄大点的宝宝教年龄稍小的宝宝阅读。这项活动对大宝宝和小宝宝来说均受益无穷。

宝宝会在团队合作中逐渐了解到,每个人都有自己的优势和不足,要互相取长补短。

第12章

宝宝的气质与教养

宝宝脾气特别大，总是哭得涨红了脸，怎么回事？

宝宝特别怯场，遇见小区的阿姨都往后缩，该怎么办？

宝宝抵触去幼儿园，该怎么引导他？

本章将为您揭开这些问题的奥秘，带领您了解不同宝宝的气质，以及相对于每一种气质特点适宜的教养方法。

要点提示

- 宝宝的气质类型与生俱来,要学会识别宝宝的气质类型。
- 教养应与宝宝的气质类型相契合,适合的就是最好的。

一、关于宝宝的气质，您需要了解

每个宝宝的气质类型都不一样，世界上不存在放之四海而皆准的教养方法，您需要做的即充分了解宝宝的气质类型，因材施教，采用契合宝宝气质类型的教养方式，充分发掘他的潜力，陪伴他快乐成长。

1. 我的宝宝是哪种气质

目前比较通行的看法认为气质包含九大维度。

活动水平：即活动的强度。活动量大的宝宝浑身充满了能量，换尿布、换衣服、洗澡甚至喝奶时都会让父母紧张地手忙脚乱。而活动量小的宝宝喜欢做些安静的活动，不喜欢户外活动。

生物节律：包括睡眠、饮食和排泄等生理时钟的规律性。生物节律性高的宝宝定时睡觉、起床、吃饭和上厕所，不会因环境的改变而影响其生活节律性。生物节律差的宝宝，父母常常无法预期他们的作息时间。

趋避性：指的是对陌生的人和事物表现出来的接受或者退缩的态度。回避型的宝宝在接触到新鲜事物时大多会表现出退缩，会害羞，不易亲近。趋近型的宝宝很容易接受新鲜的人和事物。

适应性：指的是融入新环境的难易程度。适应度低的宝宝一般比较抵触和抗拒改变。比如，很长时间不能适应幼儿园的生活，不愿意去幼儿园，等等。

反应强度：指的是对外在刺激的反应，如喜怒哀乐和需求表达的强度。反应强度大的宝宝，讲话的音量、哭笑声或抱怨声都特别大，对事物的喜好反应明显。反应强度弱的宝宝，常常喜怒不形于色，父母也常常捉摸不透他的想法和情绪反应。

反应阈：引起某种反应所需要的刺激量，包括视觉、触觉、听觉、味觉、嗅觉和察言观色的能力。比如，疼痛阈限高的宝宝不太容易感觉到疼，尽管已经受伤，但却不觉得疼，父母尤其要注意保护这样的宝宝，使他们远离危险。而疼痛阈限低的宝宝可能轻微的擦伤就疼得不得了，父母应予以抚慰，但也不要大惊小怪。

情绪质量：指一个人积极情绪所占的比重，表情是快乐、友善，还是不快乐、不友善。

注意分散：即宝宝的注意力转移到另一个刺激他的事物上的难易度。注意力容易分散的宝宝很容易被别的事物吸引，但也很容易被抚慰。

注意力的持久性：即宝宝在做事情遇到外来的阻碍时，克服阻碍而持续下去的程度。

根据上面的气质特征可将宝宝的气质划分为容易型（E型）、困难型（D型）和发动缓慢型（S型）；又可进一步划分出中间近容易型（I～E型）和中间近困难型（I～D型）。

五种气质类型的特征

气质类型	气质特征
容易型（E型）	生物节律强、趋近型、适应性强、反应强度低、情绪积极。
困难型（D型）	生物节律差、回避型、适应慢、反应强度高、情绪消极。
发动缓慢型（S型）	生物节律尚好、退缩型、反应强度高、情绪较D型积极。
中间近容易型（I～E型）	介于E型、D型、S型之间，与E型接近。
中间近困难型（I～D型）	介于E型、D型、S型之间，与D型接近。

国内外的研究均发现大部分儿童都属于容易型和中间型，并且在不同的年龄段的气质类型分布是相似的。

不同的气质特点各有优势和劣势，气质本身没有好坏之分。父母了解宝宝气质特点的目的在于根据宝宝的气质特点采用适宜的教养方式。

2. 宝宝的气质类型能改变吗

气质是人的神经系统最基本的特性，主要受先天的生物学因素影响，是个性中最为稳定的特征，并不会因为活动的具体目的、动机和内容的不同而有所改变。比如，一个情绪容易激动的宝宝不仅会在兴奋的场合表现出激动情绪，而且在不值得或不应该激动的场合也可能表现出激动情绪。

气质的稳定性还表现为它不会随个人年龄的增长而发生很大的变化。研究表明，儿童在内向和外向方面所表现出来的气质特点，在他们以后的生活中也很少改变。

3. 为什么要知道宝宝的气质类型

气质可以通过影响、选择和塑造环境等来间接影响宝宝的社会适应能力。宝宝的气质还会影响到父母的教养方式，而气质与教养方式的相互作用会影响宝宝后续长远的发展。比如，难养型的宝宝可能常常让父母感到教养困难，甚至烦躁、情绪失控，进而用打骂的方式教育宝宝，结果陷入恶性循环，不利于宝宝的健康成长。

但如果父母能有意识地结合宝宝的气质特点，采取适合的教养方式，即便是难养型的宝宝同样也会健康成长。适用于别家宝宝的方法不一定适用于自己的宝宝，最理想的状态是父母的教养方式与宝宝的气质类型相匹配，这也是因材施教。

二、根据宝宝的气质类型，您可以这样做

虽然气质九大维度的消极方面（如负面情绪、冲动和易激惹等）与未来的适应问题（如焦虑、抑郁和问题行为）息息相关，但是这种不良影响会因积极的教养方式而得到改善，也会因不良的教养方式而加剧。比如，具有负面情绪特质的宝宝遭遇控制欲望较强的教养方式，会呈现出更多的适应问题。但是

如果父母给予宝宝更多的支持、鼓励，对宝宝的需求敏感，那么具有负面情绪特质的宝宝出现适应困难的风险会大大降低。

1. 适应于不同气质宝宝的教养方式

父母如果能将自己的教养方式与宝宝的气质类型结合起来，就可以达到事半功倍的效果。

对于活动量大的宝宝，父母在保证安全的前提之下可尽量提供足够的空间和时间陪宝宝玩乐，释放他过人的精力。而对于喜欢安静活动的宝宝来说，父母应尊重他们的喜好，鼓励他们从事较温和的运动，增加他们活动的兴趣和信心。

生物节律较差的宝宝需要通过外界环境的辅助来增强规律性。比如，全家保持规律的作息习惯，晚上定时关灯入睡。饮食方面也是如此，采用循序渐进的方式，渐渐养成三餐定时的习惯。而对于生物节律过度规律的宝宝，父母也应该注意予以调节，避免生活作息过于刻板，缺乏弹性，以利于宝宝应对突发状况而导致的作息变化。

对于趋避性偏回避并且适应性较差的宝宝来说，在面对新环境时，父母应予以足够的耐心，多跟宝宝进行沟通，循序渐进地让他们接受新事物。比如，入幼儿园前的几个月甚至半年间就可以做一些准备工作。父母可以讲一些有关幼儿园生活的故事和绘本，描述幼儿园的生活，让宝宝渐渐消除对幼儿园的陌生感；有时间还要尽量陪宝宝到幼儿园试听，让他慢慢熟悉和适应幼儿园生活。

宝宝表现出来的喜怒哀乐不一定与他内心真正的感受等量。父母不能被反应激烈的宝宝的表象所蒙蔽，也不能忽略反应强度微弱的宝宝的需求。对前者，父母可以引导宝宝适当表达他们的内心感受；对后者，父母需要提高敏感度，并鼓励他们勇于表达，比如，"我真的好喜欢""这件事让我觉得很委屈""我很生气"等。

对于阈限比较高、感觉比较迟钝的宝宝来说，建议父母将自己的想法和感受直接表达出来。比如，"你把玩具到处乱扔，妈妈很生气"等。对于阈限低、比较敏感的宝宝来说，父母要记得时时跟宝宝沟通，避免让宝宝产生误解。比如，"妈妈很爱你，但是妈妈今天不舒服，不能陪你玩"，等等。

2. 养育注意事项

宝宝的气质类型与父母教养行为会相互影响，两者之间存在动态的平衡。建议父母可以这样做：

- 多与宝宝互动，了解他的气质类型。
- 理解父母的教养行为会受到宝宝气质特点的影响。
- 尽量避免采用打骂、漠视、不耐烦的教养方式，尽量做到对宝宝的需求敏感，多抚摸他，让宝宝感受你的爱，等等。
- 教养方式尽量与宝宝的气质类型匹配，适合的就是最好的。

父母可以这样帮助宝宝适应

宝宝的气质不同，有的爱动，有的爱安静。给不同气质的宝宝安排不同的活动。

当遇到同一个问题，宝宝的适应度和反应强度不同，所以表现各不相同。

对于不同生物节律的宝宝，采用不同的方式调节。

疼痛阈限高的宝宝不太容易感觉到疼，父母尤其要注意让这类宝宝远离危险。

对于活动量高的宝宝，父母要尽量释放他的过人精力。对于喜欢安静活动的宝宝，父母鼓励他们做较温和的活动。

对于适应性较差的宝宝，面对新环境时，父母应予以足够的耐心，多跟宝宝沟通，循序渐进地让他们接受新事物。